머리는 손자처럼
가슴은 공자처럼

머리는 손자처럼 가슴은 공자처럼

—

논어와 손자병법에서 배우는
문무겸전 자기경영법

신동준 지음

생각
정원

구리로 거울을 만들면 가히 의관을 단정하게 할 수 있고,
역사를 거울로 삼으면 천하의 홍망성쇠와 왕조 교체의 원인을 알 수 있고,
사람을 거울로 삼으면 자신의 득실을 분명히 알 수 있다.

《정관정요貞觀政要》〈임현任賢〉

《논어》와 《손자병법》을 함께 읽어야 하는 이유

"중국은 잠자는 사자다." 나폴레옹은 《손자병법》을 읽고 고대 중국의 병도에 깊은 감명을 받고 이렇게 말했다. 실제 전투에서 《손자병법》의 전략전술을 적용했다고 스스로 밝히기도 했다. 《손자병법》은 클라우제비츠의 《전쟁론》과 함께 동서고금 최고의 전술전략서로 인정받은 지 오래다. 오늘날 미국 육군사관학교가 학과목의 하나로 《손자병법》을 가르치고, 하버드대학교가 MBA 과정을 개설하면서 베이징대학교 MBA 과정보다 빨리 《손자병법》을 주요 텍스트로 선택한 게 그 증거다. 21세기 현재까지도 그 가치를 꾸준히 인정받고 있다.

여기에 공자가 가세했다. 세계경제위기 이후 G2로 급부상하며 존재감을 드높인 중국이 이제 문화의 가치를 내세우고 '한류漢流'를 일으키기 시작했다. 그 첨병에 공자학원이 있다. 확산 · 육성 속도가 매우 빠르다. 2004년 말 메릴랜드대학교가 미국 최초로 공자학원을 개설한 이래 현재 영국, 캐나다, 호주 등 112개국에 약 1,000곳이 설립됐다. 중국 정부는 매년 20억 위안(약 3,600억 원) 이상 투자하는 등 전폭적인 지원을 아끼지 않고 있다. 중국 정부의 지원은 부차적인 문제다. 21세기 스마트 혁명 시대에 전개되고 있는 '공자 신드롬' 현상은 새로운 해석을 요한다. 오늘날 왜 동양의 무武를 대표하는 손자와 문文을 상징하는 공자가 동시에 주목받을까?

공자와 손자에게 배우는 문무겸전 자기경영법

'철(鐵)의 경영'을 주장한 잭 웰치 전 제너럴일렉트릭 회장의 시대가 저물고, '인仁의 경영'을 강조하는 짐 굿나잇 새스SAS 인스티튜트 회장이 새로운 경영전략의 성공 사례로 회자되고 있다. 한마디로 '융합融合'이다. 원래 융融은 발이 굽어진 세발솥인 격鬲 자와 벌레 충蟲 자가 결합된 글자다. 솥에 여러 재료를 넣어 삶는다는 뜻으로 풀이하지만 《설문해자》에 따르면 원래는 봄에 눈이 녹으면서 땅에서 아지랑이가 피어오르는 모습을 형상한 것이다. 합合은 원래 입 구口 자가 위아래로 겹친 모습이다. 융합은 서로 다른 개체를 뒤섞어 하나로 녹여낸다는 의미로 풀이하는 게 가장 그럴 듯하다.

융합의 궁극적 목표는 말할 것도 없이 화학적 융합에 있다. 이질적 요소들이 원래의 형태를 찾아보기 어려울 정도로 완전히 융해된 상태를 말한다. 퓨전, 하이브리드, 컨버전스, 크로스오버 등도 궁극적으로는 화학적 융합을 지향하는 만큼 광의의 융합 개념에 포함시킬 수 있다. 문제는 다양한 유형의 융합이 실효를 거두기 위해서는 상호간의 벽을 완전히 허무는 작업이 선행돼야 하는데 이게 쉽지 않다.

21세기 글로벌 시대는 분명 강도 높은 융합을 주문하는데도 현실의 학문은 이를 쫓아가지 못하는 형국이다. 여기에는 기득권 세력의 반발, 융합 개념에 대한 이해 부족, 서구의 이론에 대한 과도한 편향, 동양 고전에 대한 몰이해, 동서고금을 하나로 꿰는 지식의 결여 등 여러 요인이 복합적으로 작용한다.

필자는 이 책에서 동양 최고의 고전인《논어》와《손자병법》의 융합을 시도했다. 흔히《논어》와《손자병법》이 대립된 개념이며, 병립하기 힘들다고 생각한다. 결론부터 말하면, 두 고전을 관통하는 동일한 키워드가 존재한다. 바로 인仁에 기초한 병도兵道다. 공자, 손자를 비롯해 조조, 마오쩌둥, 나폴레옹 등이 이를 통찰했다. 이들이 하나같이 역사의 주인공이 된 배경도 여기서 찾을 수 있다.《손자병법》의 다양한 전략전술에는 공자사상을 관통하는 핵심인 인仁이 전제돼 있고, 뒤에서 설명하겠지만 공자는 손무孫武의 신전론愼戰論을 지지했다. 두 고전은 상호 보완적인 관계에 있는 것이다.

이 책은《논어》와《손자병법》의 정수를 하나로 녹여 새로운 통찰을 이끌어내려는 일종의 시론에 해당한다. 난세의 붓과 칼을 상징하는 각각의 고전인《논어》와《손자병법》. 그 이질적인 학문 간의 낯선 만남 속에 담겨진 새로운 통찰이 핵심이다. 단언컨대 둘 중 한 권만 읽는 것은 반쪽짜리 지혜만 구하는 행위다. 반드시 《논어》와 《손자병법》을 함께 읽어야 한다. 이른바 문무겸전文武兼全이다.

최후의 승자가 되는 비책

흔히 《논어》를 '수기치인修己治人'의 관점에서 접근하나 이제 '치국평천하治國平天下'를 전제로 읽기를 권한다. 춘추전국시대는 인류 역사상 전례를 찾아보기 드문 혼돈의 시대였다. 동서고금의 역사를 통틀어 춘추전국시대 같은 난세가 없었다. 그 기간이 무려 550년에 달한다. 그 양상 또한 격렬하기 짝이 없었다. 통계에 따르면 춘추시대에 1,211회, 전국시대에 468회의 전쟁이 빚어졌다. 낙양으로 천도하는 기원전 770년부터 진시황이 천하를 통일하는 기원전 221년까지 매년 평균 3회의 전쟁이 터진 꼴이다. 말 그대로 '난세 중의 난세'에 해당한다. 벼랑 끝으로 몰린 인간들의 '속살'이 적나라하게 드러날 수밖에 없다. 공자는 살아남아 승리하는 것이 최고의 덕목이던 시대를 직접 살고 통찰해낸 지식인이다.

예부터 전쟁에 관한 공자의 견해를 둘러싸고 많은 오해가 있었다. 후대의 성리학자들은 공자가 맹자와 마찬가지로 반전론反戰論의 입장에 서 있었다는 식으로 서술하면서 대표적인 사례로 《논어》 〈위령공〉에 나오는 일화를 제시했다. 하루는 위령공이 군사에 대해 묻자 공자가 대답했다. "제사에 관한 일은 일찍이 들은 바가 있습니다. 그러나 군사에 관한 일에 대해서는 배운 바가 없습니다." 그러고는 다음날 훌쩍 떠나버렸다. 성리학자들은 이를 집중 부각시키면서 공자가 맹자처럼 반전론의 입장에 서 있다고 주장했다. 전장에서조차 인仁을 내세워 싸우기를 포기해 비웃음을 샀던 송양공을 춘추5패에 포함한 것은 맹자이지, 공자가 아니었다. 맹자는 "공자의 문하에서는 무력을 동원한 패업霸業을 칭송한 적이 없다!"고 말했지만 이는 사상 최초로 패업을 이룬 관중管仲을 폄하하기 위한 언급이었을 뿐이다. 실제로 공자는 《논어》에서 모두 세 번에 걸쳐 관중의 패업을 극찬했다.

《논어》를 보면 쉽게 알 수 있듯이 공자는 기본적으로 손무의 손을 들어주며 신전론을 지지했다. "덕이 있는 사람만이 백성을 7년 동안 군사 교육과 훈련을 시킨 뒤 전쟁터에 내보낼 수 있다(《논어》〈자로〉)"는 내용이 이를 뒷받침한다. 공자가 적의 무자비한 침공 앞에서조차 덕으로 감복시켜야 한다고 주장한 맹자의 반전론 내지 전쟁 자체를 아예 인정하지 않으려고 했던 묵자의 비전론 입장에 서 있었다면 결코 이런 언급이 나올 수 없다.

무武 자는 창 과戈 자와 그칠 지止 자가 한데 어우러진 글자다. 공자는 무사 집안에서 태어난 까닭에 무예에도 뛰어났다. 무가 궁극적으로 추구하는 목표가 싸움을 멈추게 하는 데 있다는 사실을 누구보다 잘 알고 있었다. 격변하는 세상의 흐름과 극한의 상황에서 적나라하게 드러나는 인간의 본성을 치열하게 탐구한 이유다. 그 결과 공자는 난세의 평정을 위한 여러 덕목과 치국평천하의 정수를 정리한 '난세의 제왕학'을 정립할 수 있었다.

앞서 언급했듯이《손자병법》은 동서고금 최고의 전략전술서로 평가받는다. 그러나 오직 이기는 기술만 담았다면 지금처럼 스마트혁명 시대를 사는 세계인의 주목을 받을 수 없었을 것이다.《손자병법》을 관통하는 대원칙은 백전백승이 아니라 싸우지 않고 적을 굴복시키는 부전굴인不戰屈人, 부득이할 때에 한해서만 군사를 움직여야 한다는 부득이용병不得已用兵, 평소에는 무기를 거뒀다가 어쩔 수 없는 상황에만 사용한다는 집이시동不戰屈人 등, 이른바 병도다. 인간학의 정수로서 병도가 지향하는 궁극적인 목표는 말할 것도 없이 전쟁 없는 삶이다. 손자가 민심을 어지럽힐뿐더러 국가 존립을 위협하는 만큼 전쟁을 최대한 자제해야 한다고 역설한 이유다. 전쟁의 본질을 간파한 덕분이다.

전장에서조차 책읽기를 멈추지 않은 것으로 유명한 조조는《손자병법》은 물론《논어》까지 두루 섭렵했다. 난세에는 부득불《손자병법》을 칼로 삼아 반드시 이기는 싸움을 해야 하지만, 난세를 평정하고 치세가 도래하면《논어》를 붓으로 삼아 수성의 과업을 이뤄야 한다고 강조한 사실이 이를 뒷받침한다.《주역》이 역설하고 있듯이 모든 것은 돌고 돈다. 난세가 극에 달하면 치세를 향한 열망이 더욱 높아지고, 치세가 극에 달하면 난세의 어두운 그림자가 엄습한다. 세상에 변하지 않는 것은 없다. 다만 오직 하나, 모든 게 변한다는 사실만큼은 변하지 않는다. 난세의 칼과 치세의 붓을 모두 준비해두어야 하는 이유다. 그래야만 어떤 상황이 닥칠지라도 지혜롭게 대처할 수 있다.

흔히 격동의 21세기를 두고 '쏜 화살보다 빠르게 흐른다'고 표현한다. 과학기술의 발전이 그만큼 눈부시다. 덩달아 우리의 생각도 급변하고 있다. 생각의 속도가 이처럼 빠른 사회에서는 멀리 내다보는 공자의 안목과 깊이 파고드는 손자의 탐구정신이 동시에 요구된다. 그런 점에서《논어》와《손자병법》은 상호 보완관계를 이루고 있다. 객관적으로 볼지라도 격동하는 21세기 스마트혁명 시대에 끝까지 살아남아 최후의 승자가 될 수 있는 비결도 여기에 있다.

차례

어떻게 생존할 것인가

· 1 ·

위기인가 호기인가

· **천하위공**天下爲公 ·

변역이란 무엇인가

하늘의 이치를 뜻하는 천도天道는 사람이 나아가야 할 길인 인도人道와 대비된다. 맹자는 인도를 천도의 부속물로 보았다. 군주가 잘못하면 하늘이 여러 징조를 통해 이를 경고하고, 그래도 말을 듣지 않으면 마침내 벌을 내려 무너뜨리고 만다는 식의 주장을 펼친 게 그렇다. 이를 천인합일설天人合一說이라고 한다. 그 내용을 보면 신을 하늘로 바꿔놓았을 뿐 종교와 별 차이가 없다. 유가가 유교로 왜곡된 근본 배경이 바로 여기에 있다.

이와 대비되는 것이 순자의 천인상분설天人相分說이다. 천도와 인도는 밀접한 관계를 맺고 있으나 작동하는 원리는 서로 다르다는 게 요지다. 이는《주역》의 변역 이치와 부합한다.《주역》은 결코 맹자처럼 영원히 변치 않는 천도를 언급한 적이 없다. 오히려 천지자연이 끊임없는 순환하며 바뀌는 '변역變易'을 역설한다.《주역》이 인정하는 유일무이한 항구불변의 이치는 우주만물 가운데 그 어떤 것도 변역의 이치에서 벗어나는 것은 존재하지 않는다는 원리 하나뿐이다. 맹자의 천인합일설과 극명한 대조를 이룬다.

순자의 천인상분설과《주역》의 변역 이치를 좇을 경우 천지자연이 끝없이 순환하며 변화하는 계기는 크게 세 가지다. 하늘과 땅과 사람의 이른바 3재才에 부응하는 기변機變인 천기天機·지기地機·인기人機가 그것이다. 이를 3기機라고 한다.《주역》에 나오는 64괘 384효는 바로 3기의 상호관계를 설명해놓은 것이다. 이를 한마디로 정리한 것이 바로 변역이다.《주역》〈계사전〉은 변역의 이치를 이같이 설명해놓았다.

> 《주역》의 괘사卦辭와 효사爻辭는 위태로운 정황을 드러내 위태롭다고 조심하는 자는 평안을 얻고, 안이한 자세로 임하는 자는 기울어지게 해놓았다. 그 도가 매우 커 천지만물이 모두 그 안에 있다. 일을 할 때 시작부터 끝까지 두려운 마음으로 임하면 재난을 면할 수 있다. 변역의 이치가 이와 같다.

변역의 요체가 바로 근면한 자세로 스스로를 부단히 채찍질하며 전진하는 자강불식自强不息에 있음을 설명한 것이다. 〈계사전〉에 변역에 관한 공자의 해석이 나온다.

> 무릇 변역이란 무엇을 말하는가? 일을 시작해 이루는 개물성무開物成務를 뜻한다. 가히 천하의 모든 도를 덮을 만하다. 변역의 이치는 오직 이것 하나뿐이다.

일의 시작과 끝을 하나로 관통하는 개물성무를 변역의 근본 이치로 풀이한 셈이다. 그게 바로 《주역》을 관통하는 키워드인 자강불식이다. 《주역》이, 난관에 봉착했을 때 그 원인을 자신에게서 찾을 것을 강력하게 주문한 것도 바로 이 때문이다. 〈이괘履卦〉의 효사에서는 호랑이 꼬리를 밟는 위란의 시기에도 스스로 반성해 노력하는 자는 이내 길하게 된다고 역설한다. 이는 군자의 자강불식이 바로 수신제가와 치국평천하의 요체임을 말한 것이다. 때가 오지 않아 뜻한 바를 이루지 못했을 때는 수신제가에 매진하고, 뜻을 이루었을 때는 성실하고 믿음직한 성신誠信의 자세로 치국평천하에 임하라는 주문이다. 《주역》에서 말하는 중정中正이 바로 그것이다. 때가 아닌데도 수신제가를 게을리한 채 무작정 전진하거나, 결정적인 시기에 결단을 내리지 못하고 치국평천하의 길에 나서지 않는 것을 모두 흉하게 본다. 고금의 역사가 증명하듯이 개인의 성패는 말할 것도 없고 기업과 국가의 흥망 역시 자강불식의 이치에서 한 치도 벗어나지 않는다.

《주역》을 점을 치는 복서卜筮의 책으로 간주해서는 안 되는 이유다. 역사를 거울로 삼아 미래를 대비하는 게 옳다.《주역》이 자강불식을 역설한 것도 바로 이 때문이다. 이를 뒷받침하는 〈건괘〉의 괘사다.

> 옛말에 이르기를 '크구나, 하늘의 큰 덕이여!'라고 했다. 만물이 이를 바탕으로 태어난 것을 말한다. 구름이 날고 비가 대지를 적시니 만물이 제각기 흘러 모양을 갖춘다. 하늘의 도는 천변만화千變萬化해 만물의 생장소멸을 관장한다. 옛말에 이르기를 '하늘의 운행이 굳건하니 군자는 이를 본받아 자강불식한다'고 했다.

자강불식을 군자의 수신제가와 치국평천하로 해석한 것이다.《주역》에 나오는 64괘의 요지는 한마디로 '시변時變에 부응하는 군자의 자강불식'에 있다고 해도 과언이 아니다. 〈혁괘革卦〉는 변역과 유사한 개념으로 변혁變革을 언급한다. 효사에서 군주의 개혁을 대인호변大人虎變, 신하의 보필을 군자표변君子豹變으로 표현해놓았다. 장려하게 털갈이를 한 호랑이와 표범처럼 아름답다는 뜻이다. 변역의 '역'은 천지자연의 변화에 초점을 맞추는 반면 변혁의 '혁'은 인간의 능동적인 변역에 방점을 찍는 게 약간 다르다. 한마디로 모든 일의 성패는 궁극적으로 자강불식 여부에 달려 있다는 것이다.

하늘보다 스스로를 믿어라

하늘의 기밀을 뜻하는 천기天機도 이런 맥락에서 이해할 필요가 있다. 원래 제자백가 가운데 천기를 가장 먼저 언급한 사람은 장자다. 이를 뒷받침하는《장자》〈대종사大宗师〉의 해당 대목이다.

> 남에게 굴복하는 자는 목이 멘 사람처럼 아첨하는 말소리가 마치 토하는 듯하고, 욕심이 많은 사람은 생명을 지속시키는 근본인 천기가 얕다. 옛날의 진인眞人은 생명을 받으면 기뻐하고, 잃으면 자연의 원래 자리로 돌아갈 뿐이다.

여기서 주목할 것은 장자가 천기를 삶을 지속시키는 기틀인 이른바 생기生機로 파악한 점이다. 명대 말기의 학자 홍자성洪自誠도 유 · 불 · 도 3교 합일의 관점에서 난세의 처세술을 집중적으로 다룬《채근담菜根譚》에서 이와 비슷한 언급을 한다.

> 새 울음과 벌레 소리 모두 마음을 전하는 비결이다. 꽃봉오리와 풀빛 가운데 도를 깨닫게 하는 밝은 문장 아닌 게 없다. 학문을 하는 자는 모름지기 심기心機가 천기와 맑게 통하게 하고, 가슴속을 영롱하게 하여야 한다. 그런 자세로 사물을 접하면 그때마다 깨닫는 바가 있을 것이다.

남북조시대 북제의 안지추顔之推도 천기를 하늘이 부여한 영성靈性으로 파악했다. 원래 영靈은 기機와 통한다. 총명하고 영리한 것을 기령機靈으로 표현하는 게 그렇다. 그러던 것이 성리학이 집대성되는 남송시대에 이르러 그 의미가 완전히 바뀐다. '하늘의 기밀'을 뜻하는 말로 굳어진 것이다.

21세기인 지금까지도 천기는 이런 의미로 사용되고 있다. 남송 때 주희에 의해 성리학이 집대성되기 전후로 천기가 하늘의 기밀을 뜻하는 말로 쓰인 게 발단이다. 《손자병법》을 위시한 병서가 하나같이 강조하는 임기응변의 관점에서 보면 천기는 최초로 이를 언급한 장자처럼 해석하는 게 타당하다. 실제로 병가사상가들이 바로 이런 관점에서 접근했다. 대표적인 인물이 손무와 더불어 병가사상의 쌍벽을 이루는 오기嗚起다. 《오자병법嗚子兵法》 〈논장論將〉의 해당 대목이다.

> 무릇 용병에는 기본 틀에 해당하는 핵심 원리가 있다. 첫째 기기氣機, 둘째 지기地機, 셋째 사기事機, 넷째 역기力機다. 전군의 병력이 백만 대군에 이를지라도 이를 운용하는 것은 결국 장수 한 사람의 역량에 좌우될 수밖에 없다. 이를 기기라고 한다. 길이 좁고 험하며 큰 산이 가로막고 있는 지형은 10명이 지킬지라도 1천 명의 군사가 지나갈 수 없다. 이를 지기라고 한다. 첩자를 잘 활용하고 기동부대를 적절히 운용하면 적의 병력을 분산할 수도 있고, 군신 사이를 이간할 수도 있다. 이를 사기라고 한다. 전차의 바퀴 굴대통과 비녀장이 견고하고 배의 후미와 양옆에 부착한 노가 편리하도록 만들고, 병사들이 진법에

익숙하도록 하고, 말이 잘 달릴 수 있도록 조련하는 것을 역기라고 한다. 이 네 가지 용병 원리를 잘 아는 자라야 장수로 삼을 수 있다. 이런 장수를 얻으면 나라가 강성해지고, 떠나면 나라가 위태로워진다. 이런 장수를 일컬어 양장良將이라고 한다.

여기서 관심을 끄는 것은 군사의 운용은 결국 장수의 역량에 의해 좌우된다는 '기기'다. 싸움에서 필승을 꾀하는 의기意氣는 곧 생사의 갈림길에서 살아남기 위한 의지에서 비롯한다. 오기는 이를 기기로 표현한 것이다. 장자가 말한 천기와 궤를 같이한다. 장자가 〈대종사〉에서 '옛날의 진인은 생명을 받으면 기뻐하고, 잃으면 자연의 원래 자리로 돌아갈 뿐이다'라고 언급한 것은 생사를 초월한 관점에서 삶을 마주하고 있음을 보여준다.

주목할 것은 장자가 '생명을 받으면 기뻐한다'라고 언급한 대목이다. 장자의 입장에 설 경우 살고 죽는 것에 희로애락의 감정을 개입시킬 일이 없다. 생사를 초월해 있기 때문이다. 그럼에도 그는 '생명을 받으면 기뻐한다'고 언급했다. 인간을 포함한 모든 생명체의 근본적인 욕망을 통찰한 결과로 볼 수 있다. 그게 바로 생기다. 《손자병법》을 비롯한 모든 병서가 다양한 유형의 전략전술을 언급하지만 이를 하나로 뭉뚱그려 표현하면 바로 생기를 위한 계책에 지나지 않는다. 성리학자들이 말한 것처럼 천기를 형이상적인 '하늘의 기밀'로 해석해서는 안 되는 이유다.

마키아벨리가 《군주론》에서 난세의 군주는 결코 통상적인 도덕률에 얽매여서는 안 되고 반드시 '여우의 지혜와 사자의 용맹'을 기본 덕목으로 갖춰야 한다고 역설한 것과 같다. 《오자병법》 〈논장〉에 나오는 기기, 즉 천기도 이런 관점에서 접근해야 제대로 된 해석이 가능하다. 하늘과 땅에 기대지 말고 스스로 노력해 대업을 이뤄야 한다는 뜻이다. 《손자병법》도 같은 맥락에 서 있다. 〈시계始計〉에 나오는 다음 대목이 이를 뒷받침한다.

> 군주는 도道·천天·지地·장將·법法 등 다섯 가지 사안에서 적과 아군을 비교 분석해 승부의 흐름을 잘 짚어낼 줄 알아야 한다. 도는 백성이 군주와 한마음이 되어 생사를 함께할 수 있도록 하는 것이다. 그리하면 백성들은 군주를 위해 죽을 수도 있고 살 수도 있으며 그 어떤 위험도 두려워하지 않을 것이다.

〈시계〉의 '도'는 말 그대로 측량할 길이 없을 정도로 변화무쌍한 임기응변 자체를 뜻한다. 《도덕경》에 나오는 부득이용병不得已用兵과 완벽하게 일치한다. 《도덕경》 제30장에서 이같이 말한다.

> 용병에 능한 자는 오직 과감할 뿐 감히 강포한 모습을 취하지 않는다. 과감하되 뽐내거나 자랑하거나 교만해하지 않는다. 과감하되 부득이할 때에 한해 용병하고 과감하되 강포强暴한 태도를 취하지 않은 까닭이다. 모든 사물은 장성하면 곧 노쇠하기 마련이다. 강포한 모습은 도에 맞지 않는다. 도에 맞지 않는 것은 일찍 끝나기 마련이다.

부득이한 상황에서 군사를 동원했으나 오직 위란危難을 구제하는 데 그칠 뿐 무력을 이용해 강포한 모습을 드러내지 않는 것이 바로 병가에서 말하는 최상의 용병인 병도兵道다. 모든 병가를 관통하는 키워드인 임기응변은 바로 부득이용병으로 상징되는 병도에서 흘러나온 것이다.

주야로 멈추지 않고 흐르는구나

조조는 현존 《손자병법》의 원형인 《손자약해孫子略解》에서 천기를 이같이 해석해놓았다.

> 여기서 말하는 천은 천기의 변화를 좇아 토벌에 나선다는 뜻이다. 음양과 사계절의 변환을 어떻게 적절히 활용할 것인지를 언급한 것이다. 《사마법》에서 '겨울과 여름에는 군사를 일으키지 않는다. 적국의 백성까지 배려해야 하기 때문이다'라고 말한 이유다.

적국의 백성까지 고려한다는 것은 곧 천기가 바로 만물을 소생하게 만드는 근본인 생기를 위주로 하고 있음을 방증한다. 음양이 서로 뒤바뀌고, 사계절이 자리를 바꿔가며 운행하는 것처럼 천지만물이 끝없이 성쇠를 거듭하며 순환하는 이치를 언급한 것이다.

공자도 《논어》〈자한〉에서 비슷한 말을 한 적이 있다. 하루는 공자가 냇가에 서서 "세월이 흘러가는 것이 꼭 이 냇물과 같구나. 주야로 멈추지 않고 흐르는구나!"라고 말했다. 예부터 이 구절에 대한 해석이 분분하다. 정약용은《논어고금주論語古今註》에서 이같이 풀이했다.

> 만일 '세월이 흘러가는 것'을 주희처럼 천도로 해석할 경우 천도는 순환하는 데 그 특징이 있으므로 한번 흘러가면 다시 돌아오지 않는 냇물로 이를 비유하는 것은 적절하지 않다. '인생'으로 풀이하는 게 옳다.

나름 일리가 있으나 인생으로 한정해 해석하는 것은 너무 협소하다는 느낌을 준다. 인생은 세월의 일부분이기 때문이다. 일본 에도 시대의 유학자 오규 소라이(荻生徂徠)는《논어징論語徵》에서 이같이 풀이했다.

> 흘러간다는 것은 시시각각 쉼 없이 지나가는 것을 말한다. 지나가는 것 속에 나이를 먹고 과거로 흘러들어간다는 취지에서 한 말이다.

정약용이《논어고금주》를 펴내면서 오규 소라이의《논어징》을 대거 인용한 데서 알 수 있듯이 그의 해석이 가장 그럴듯하다. 그러나 이 또한 한계가 있다. 공자가 '주야로 멈추지 않고 흐르는구나!'라고 탄식한 것은《주역》이 역설한 변역의 이치를 달리 표현한 것이다. 우주만물의 생장소멸을 관장하는 결정적인 계기를 뜻하는 천기가 이를 상징한다. 살기 위해 몸부림치는 생기가 핵심이다.《손자병법》을 비롯한 모든 병서가 임기응변을 역설한 것과 취지를 같이한다.

이를 통해 노자, 장자, 공자, 손자 모두 천기에 관한 한 서로 같은 입장에 서 있다는 사실을 쉽게 알 수 있다. 모든 병서에 나오는 전략전술은 《도덕경》이 역설한 부득이용병의 병도에서 흘러나온 것이다. 이것이 병도와 전략전술을 따로 떼어놓고 봐서는 안 되는 이유다.

임기응변 역시 천 · 지 · 인 3기를 하나로 녹여 구사해야만 주효할 수 있다. 문제는 아무리 3기를 하나로 녹여 실전에 임할지라도 승부를 예측하기 어렵다는 데 있다. 중과부적의 상황에서는 더욱 그렇다. 《손자병법》은 적을 착각에 빠뜨리는 궤도詭道(남을 속이는 수단)에서 해답을 찾고 있다. 조조는 《손자약해》에서 궤도를 이같이 풀이했다.

> 병법의 요체는 일정하게 정해진 모습이 없는 용병에 있다. 오직 상황에 따라 적을 착각에 빠뜨려 이기는 것만이 유일한 길이다.

고정된 형식의 용병과는 정반대로 상황에 따라 군사를 동원하는 것이 바로 무상형無常形의 용병술이다. 이는 임기응변을 달리 표현한 것이다. 조조가 구사한 임기응변은 매우 다양한 모습으로 나타났다. 짐짓 아군의 미약한 모습을 내비침으로써 적장의 교만을 부추겨 방심하게 만드는 약병계弱兵計, 무력시위로 적을 지레 겁먹게 만드는 요병계耀兵計, 허수아비 등을 이용한 거짓 용병으로 아군에 대한 판단을 흐리게 만드는 의병계疑兵計, 적이 전혀 예상치 못한 시점에 기습적인 용병으로 적의 허점을 찌르고 들어가는 기병계奇兵計 등이 그것이다. 조조가 실전에서 무수한 승리를 거둔 이유가 여기에 있다.

고금을 막론하고 싸움에서 승리하기 위해서는 상대방의 움직임에 따른 철저한 대비가 있어야만 한다. 이는 아군의 대비가 상대적으로 더욱 철저했음을 뜻한다. 조조가 구사한 임기응변이 모두 그러했다. 이는 오늘날에도 그대로 써먹을 수 있는 것들이다.

문과 무를 함께 좇아라

춘추시대 중엽 제환공을 도와 사상 첫 패업을 이룬 관중은 제자백가의 효시에 해당한다. 그는 단순히 패업을 이루는 데 그치지 않고 하나의 거대한 비전을 제시했다. 부국강병으로 천하를 제패한 뒤 반드시 예의염치에 기초한 문화대국으로 나아가야 한다고 역설한 게 그렇다. 부국강병은 법가 · 병가 · 종횡가와 통하고, 문화대국은 유가 · 묵가 · 도가와 취지를 같이한다. 학술단체의 결성 등에 초점을 맞춰 공자를 제자백가의 효시로 보는 것은 나름 일리가 있으나 치국평천하 방략 자체에 초점을 맞출 경우는 응당 관중을 효시로 꼽는 게 옳다.

관중은 치국평천하의 이론과 실제를 모두 아우른 당대 최고의 사상가이자 정치가였다. 문화대혁명 당시 마오쩌둥의 부인 장칭(江青)을 비롯한 소위 사인방은 관중을 법가의 효시로 분류했으나 그를 제자백가 중 어느 한쪽으로 분류하는 것은 잘못이다. 실제로 그의 저서인《관자》에는 제자백가의 모든 사상이 녹아 있다. 그의 사상을 관통하는 핵심어가 바로 부국강병이다.

고금을 막론하고 부국강병의 관건은 문무겸전文武兼全에 있다.《손자병법》의 저자 손무가 대표적인 인물이다. 공자 역시 이를 설파한 사람 가운데 하나다. 《논어》〈자장〉의 다음 일화를 보면 공자가 문무겸전을 얼마나 중시했는지를 알 수 있다. 하루는 위나라 대부 공손 조朝가 자공에게 물었다.

"중니仲尼(공자의 자字)는 그 도를 어디서 배웠소?"

자공이 대답했다.

"문무지도文武之道가 아직 땅에 떨어지지 않아 사람들의 기억 속에 남아 있소. 현명한 자는 그 큰 것을 기억하고, 현명치 못한 자는 그 작은 것을 기억하고 있소. 문무지도를 빠짐없이 갖추고 있으니 부자夫子가 어디선들 문무지도를 배우지 못했을 리 있겠소? 또한 어찌 일정한 스승을 두고 배웠을 리 있겠소?"

여기서 문무지도는 주문왕과 주무왕이 이룩한 공업功業과 예악禮樂을 총칭한 말이다. 공업은 무武, 예악은 문文을 상징한다. 《손자병법》〈행군〉에도 같은 내용이 나온다.

> 아무런 대책도 없이 적을 가볍게 보고 함부로 움직이는 장수는 반드시 적의 포로가 되고 만다. 병사들과 친근해지기도 전에 작은 잘못을 처벌하면 병사들은 심복하지 않을 것이다. 이미 친근해졌는데도 처벌을 제대로 시행하지 않으면 병사들을 이끌고 적과 싸울 수 없다. 장수가 도의 등의 '문'으로 명령을 집행하고, 군법 등의 '무'로 군기를 바로잡아야 하는 이유다. 평소 문으로 명을 차질 없이 시행하면서 무로 바로잡고자 하면 병사들은 심복하게 된다. 평소 문으로 명을 차질

없이 시행하지도 못하면서 무로 바로잡고자 하면 병사들은 심복하지 않는다. 평소 문으로 명을 차질 없이 시행하면서 무로 바로잡아 신뢰를 얻으면 병사들이 장수와 생사를 함께할 것이다.

조조는 이를 두고 문은 장수가 은혜와 인덕을 베풀고, 무는 군법을 공정히 집행하는 것을 말한다고 풀이했다. 원래 〈행군〉에서 문무겸전을 언급한 것은 접전이 이뤄질 때처럼 임기응변이 절실히 요구되는 극적인 상황이 없기 때문이다. 문무겸전은 바로 임기응변을 위한 전제조건에 해당한다. 실제로 새 왕조를 연 역대 창업주들은 전장에서 잔뼈가 굵은 장수 출신이다. 전장에서 잔뼈가 굵은 장수들은 살아남기 위해 임기응변에 능할 수밖에 없다.

그러나 객관적으로 볼 때 무인은 상대적으로 문이 취약하다. 그렇다면 장수 출신의 창업주들은 어떻게 문무겸전을 이뤄 마침내 천하를 거머쥘 수 있었을까? 바로 주변에 구름처럼 몰려 있던 책사들 덕분이다. 예부터 왕조 교체기의 혼란스러운 난세일지라도 무만 있고 문이 없으면 반란군 수장에 그칠 뿐 새 왕조의 창업주로 발돋움할 수 없다.

중국의 역대 왕조에서 명실상부한 문무겸전으로 새 왕조를 개창한 인물은 삼국시대 위나라의 창업주 조조밖에 없다. 그는 동탁 토벌을 기치로 내걸고 군벌경쟁에 뛰어든 이래 죽을 때까지 전장에서 평생을 보냈다. 그는 전장에서조차 책을 손에서 놓지 않는 이른바 수불석권手不釋卷을 행했다. 《삼국지》 〈여몽전〉의 배송지裴松之 주에 인용된 《강표전江表傳》에 이를 뒷받침하는 일화가 나온다.

여몽呂蒙은 어려서 매우 가난했던 까닭에 제대로 먹고 입지도 못했고, 글을 읽는 것은 상상도 못했다. 가슴에 큰 뜻을 지닌 그는 이후 많은 전공을 쌓은 덕분에 장군의 자리까지 올랐으나 늘 학식이 부족한 게 흠이었다. 하루는 손권이 여몽과 장흠蔣欽을 불러 말했다.

"지금 경들은 이 나라의 대관이 되었으니 앞으로는 학문을 익혀 스스로 식견을 넓히는 게 좋겠소."

여몽이 대꾸했다.

"제가 지금 군무에 눈코 뜰 새 없이 바빠 글 읽을 겨를이 없습니다."

손권이 말했다.

"내가 어찌 경들에게 경서 등을 읽어 박사가 되라고 한 것이겠소? 그저 옛사람들이 남긴 책을 많이 읽어두라고 한 것일 뿐이오. 경들이 군무에 바쁘다고 하나 어디 나만큼이야 바쁠 리 있겠소? 나도 젊었을 때 《시경》《서경》《예기》《좌전》《국어》 등을 두루 읽었소. 단지 《역경》만 읽지 못했소. 내가 보위에 오른 후 여러 사서와 병서를 두루 읽은 게 큰 도움이 되었소. 경들처럼 뛰어난 인물들이 글을 읽으면 당연히 도움이 되지 않겠소? 속히 《손자병법》《육도》 등의 병서와 《좌전》《국어》를 비롯해 《사기》《한서》 등의 사서를 읽도록 하시오. 공자가 말하기를, '종일토록 식음을 폐하며 생각해도 유익함이 없으니 배우는 것만 못하다'고 했소. 광무제도 매일 군무를 처리하느라 바빴지만 책을 손에서 놓은 적이 없었소. 맹덕孟德 역시 스스로 '늙어갈수록 더욱 학문을 좋아하게 됐다'고 했소. 경들은 어찌하여 스스로 노력할 생각을 하지 않는 것이오?"

손권이 조조를 '맹덕'으로 높여 부른 것은 조조의 수불석권을 높이 평가한 결과다. 일각에서는 손권이 여몽에게 속히 사서와 병서를 두루 읽을 것을 권한 점에 주목해 손권도 조조의《손자약해》를 읽었을 가능성이 높은 것으로 본다. 여몽에게 잡다한 글이 뒤섞인 기존의《손자병법》을 읽으라고 권했을 가능성은 그리 크지 않다는 게 논거다. 조조를 맹덕으로 높여 부르며《손자병법》을 언급한 점에 비춰 일리 있는 추론이다.

이후 여몽은 손권의 훈계를 듣고 깨달은 바가 있어 마음과 힘을 다해 글을 읽었다. 하루는 주유를 대신해 군사 업무를 책임지게 된 노숙이 여몽을 찾아가 국사를 논의했다. 여몽의 이론이 고매하고 정연했다. 노숙이 크게 놀라 여몽의 어깨를 쓰다듬으며 찬탄했다.

"나는 대제大弟가 오직 무략武略밖에 없는 줄 알았소. 지금 보니 학문이 넓고 고매하니 이제는 과거 오군에 있을 때와는 완전 딴판이오!"

여몽이 말했다.

"선비는 사흘만 헤어져 있다 만나도 눈을 비비며 서로 대해야 하는 괄목상대刮目相待의 대상이오. 대형大兄이 지금 이같이 말하니 어떻게 하여 전국시대를 풍미한 양후穰侯 위염魏冉과 같다는 칭송을 듣는 것이오? 대형은 지금 주유의 업적을 제대로 잇지 못하고 있소. 더구나 천하의 관우를 곁에 두고 있는 상황이오. 관우는 덕망이 높은데다 학문을 좋아해《좌전》을 입에 달고 산다고 하오. 단지 웅기雄氣와 자부심이 지나친 나머지 사람을 얕잡아보는 게 흠이오. 지금 그와 대치하고 있는 중이니 응당 책략을 써 상대해야 할 것이오."

그러고는 곧 노숙을 위해 세 가지 계책을 일러주었다. 노숙은 그의 말을 귀담아듣고는 다른 사람에게 일절 발설하지 않았다. 후에 이 사실을 안 손권이 찬탄했다.

"사람은 성장하면서 날마다 진보한다고 말하나 그 누구도 여몽과 장흠에 비할 바가 아니다. 이미 부귀영달했는데도 학문을 즐기는 모습을 버리지 않고, 여러 고전을 두루 읽는 것을 좋아하고, 재물을 가벼이 여기며 의를 높이고, 행하는 일은 모두 좇을 만하니 두 사람 모두 가히 국사國士라 부를 만하다. 이 어찌 아름다운 일이 아니겠는가!"

여기서 짧은 시간에 학문이나 재주가 현저하게 나아졌음을 뜻하는 괄목상대刮目相對라는 성어가 나왔다. 조조의 수불석권에 자극을 받은 결과로 볼 수 있다. 조조는 수불석권을 통해 식견을 키워 난세의 시기에 임기응변을 자유자재로 구사할 수 있었다. "덕은 도량에 따라 발전하고, 도량은 식견을 통해 성장한다. 덕을 두터이 하려면 도량을 넓히지 않을 수 없고, 도량을 넓히려면 식견을 키우지 않을 수 없다"라는 《채근담》의 구절에서도 확인하듯 식견을 키우는 요체가 바로 수불석권에 있다고 해도 과언이 아니다.

중국의 역대 제왕 가운데 청조 강희제와 더불어 최고의 성군으로 손꼽히는 당태종은 이를 통찰했다. 이를 뒷받침하는 대목이 《정관정요貞觀政要》 〈임현任賢〉에 나온다.

> 구리로 거울을 만들면 가히 의관을 단정하게 할 수 있고, 역사를 거울로 삼으면 천하의 흥망성쇠와 왕조 교체의 원인을 알 수 있고, 사람을 거울로 삼으면 자신의 득실을 분명히 알 수 있다. 짐은 일찍이 이들 세 가지 거울을 구비한 덕에 허물을 범하는 것을 막을 수 있었

다. 지금 위징魏徵이 세상을 떠나는 바람에 마침내 거울 하나를 잃고 말았다!

여기에 언급된 동감銅鑑 · 사감史鑑 · 인감人鑑을 흔히 3감이라고 한다. 군주가 3감을 통해 스스로 경계하며 제왕의 덕을 쌓는 것이 바로 3감지계三鑑之戒다. 줄여서 감계鑑戒라고도 한다. 주목할 것은 당태종이 경서經書가 아닌 사서史書에 방점을 찍은 점이다. '역사를 거울로 삼으면' 운운한 게 그렇다. 당태종의 지적처럼 사서를 열심히 읽지 않으면 천하의 흥망성쇠와 왕조 교체의 원인을 알 수 없다.

'신중화제국'의 창업주 마오쩌둥이 최고의 사서로 손꼽히는 《자치통감》을 생전에 열일곱 번이나 읽은 것은 결코 우연이 아니었다. 조조를 흉내 낸 것이다. 실제로 삼국시대의 군웅 가운데 조조처럼 시종 수불석권을 철저히 이행한 인물은 없었다.

하늘은 덕이 있는 사람을 돕는다

《서경》에 '하늘은 친한 사람이 없고 오로지 덕이 있는 사람만 돕는다(皇天無親 惟德是輔)'는 말이 나온다. 천명天命은 고정되어 있는 게 아니라 오직 덕이 있는 사람에게 옮겨가는 까닭에 새로운 유덕자가 나타나면 이전의 왕조가 사라지고 새 왕조가 들어선다는 논리다. 《서경》 등에서 은나라의 마지막 왕인 주紂는 싸움에 패한 나머지 폭군으로 매도하고 주나라를 창업한 문왕과 무왕을 한없이 미화한 것이 대표적인 경우에 해당한다. 주를 포악무도한 군주로 묘사하지 않으면 사실상의 반역을 정당화하기가 어려웠기 때문이다. 주나라는 건국 초부터 민심의 동향에 많은 관심을 기울이며 보민保民을 강조한다. 은나라가 민심 이반으로 패망한 점을 반면교사로 삼은 결과다. 민심을 천심으로 간주하기 시작한 배경이 바로 여기에 있다.

주나라는 보민 이념을 보다 구체화하기 위한 근본적인 방안으로 예형禮刑을 내세웠다. 예는 원래 '풍豊' 자로 쓰인 글자였다. 음식물을 가득 담은 그릇을 상형화한 것이다. 이후 제사 그릇을 올려놓는 상을 의미하게 되자 제사를 뜻하게 된 '시示' 자와 결합해 '예禮' 자를 만들어냈다. 당시 '예'는 모든 사람에게 똑같이 적용된 게 아니라 지배 귀족에게만 적용된 규범이었다.《예기》〈곡례 상〉에 나오는 다음 구절이 그 증거다.

예는 서민에게 내려가지 않고, 형은 대부 이상으로는 올라가지 않는다.

여기서 주의할 것은 예를 가볍게 처벌하고, 형을 무겁게 처벌하는 뜻으로 사용한 게 아니라는 점이다. 사대부는 잘못을 저질렀을 경우 형을 가하기 전에 스스로 예를 좇아 처신할 것을 주문한 것이다. 명예를 존중하라는 취지다. 본인에게 특별한 잘못이 없을지라도 전쟁에서 패한 장수가 스스로 목숨을 끊는 일 등이 그렇다. 예가 형보다 더 엄격했다. 명예를 극도로 존중했기 때문이다.《순자》〈왕제〉의 다음 구절이 이를 뒷받침한다.

원악元惡은 교화를 기다리지 않은 채 곧바로 엄벌하고, 중용민中庸民은 형벌에 처하지 않은 채 곧바로 교화한다.

'원악'은 국가 기강을 어지럽히는 악당의 괴수魁首를 말한다. 이와 대비되는 '중용민'은 서민을 지칭한다. 서민을 중용민으로 지칭한 것에 주목할 필요가 있다. 《예기》 〈중용〉이 역설하고 있듯이 중용의 '중'은 지나치거나 모자람이 없이 도리에 맞는 것을 뜻하고, '용'은 평상적이고 불변적인 것을 의미한다. 서민을 천지자연의 중용 이치를 구현하는 주체로 본 결과다. 공자도 《논어》 〈옹야〉에서 서민을 중용민으로 보았다.

중용의 덕은 참으로 지극하다. 그러나 이를 능히 할 수 있는 백성이 희귀해진 지 이미 오래되었다.

그러면서 공자는 서민을 처벌이 아닌 교화의 대상으로 삼아야 한다고 역설한다. 공자는 《논어》 〈위정〉에서 그 배경을 이같이 설명했다.

정령政令으로 인도하고 형벌로써 가지런히 하고자 하면 백성들은 이를 면하려고만 하여 이내 부끄러움을 모르는 무치지심無恥之心을 갖게 된다. 그러나 덕으로 인도하고 예로써 가지런히 하면 부끄러움을 알고 격심格心을 갖게 된다.

'격심'은 선한 행동으로 나아가는 마음을 뜻한다. 서민을 중용민으로 표현한《순자》와 취지를 같이하는 말이다.

꿈의 크기만큼 얻는다

제자백가서에 나오는 대인大人은 제왕을 지칭하는가 하면 고위 관원을 뜻하기도 하고, 천지자연과 더불어 유유자적하는 도인을 의미하기도 하는 등 문맥에 따라 여러 의미로 해석된다. 이와 반대되는 것이 소인小人이다.《장자》〈소요유〉에 나오는 대붕大鵬과 연작燕雀의 비유가 가장 대표적이다. 상상의 길조인 대붕은 대인, 제비와 참새를 뜻하는 연작은 소인을 상징한다.

〈소요유〉의 일화에 따르면 대붕은 북해에 사는 전설상의 물고기인 곤鯤이 변한 것으로 때가 되면 구만리 창공 위로 올라가 남쪽 바다인 남명南冥으로 날아간다. 남명은 창업주가 새 왕조를 세우는 대업大業을 상징한다. 하루는 매미가 메까치와 함께 남명으로 날아가는 대붕을 비웃으며 이같이 말했다.

"내가 결심하고 한번 날면 이 나무에서 저 나무까지 갈 수 있다. 어쩌다 가끔 땅에 곤두박질할 때가 있기는 하나 대붕은 왜 굳이 구만리 창공을 날아 남쪽으로 가려는 것일까?"

이를 두고 장자는 '매미나 메까치가 어찌 대붕의 뜻을 알겠는가?'라고 물었다. 여기서 천하를 거머쥐려는 대장부의 웅대한 포부를 뜻하는 대붕도남大鵬圖南 · 붕정만리鵬程萬里 · 붕도鵬圖 등의 성어가 나왔다.

《사기》〈진섭세가〉는 대붕도남의 구체적인 사례를 실어놓았다. 진시황 사후 최초로 반기를 들어 보위에 오른 진섭陳涉은 젊었을 때 남의 집 머슴이 되어 농사를 지은 적이 있다. 하루는 그가 일손을 멈추고 휴식을 취하던 중 주위 사람들에게 이같이 말했다.

"만일 부귀하게 되면 서로 잊지 말도록 합시다."

사람들이 비웃었다.

"그대는 머슴으로 있는 주제에 어찌 부귀를 이룬다는 것인가?"

진섭이 크게 탄식했다.

"아, 연작이 어찌 홍혹鴻鵠의 뜻을 알겠는가?"

홍혹은 대붕과 마찬가지로 상상 속의 길조다. 많은 사람들이 '홍혹'을 '홍곡'으로 읽고 있으나 이는 잘못이다. '혹'을 '곡'으로 읽으면 표적을 의미하는 '적的'의 뜻이 된다. 과녁의 한가운데를 뜻하는 정곡正鵠을 찌른다는 표현이 그 실례다. 홍혹을 단순히 기러기를 뜻하는 홍안鴻雁 내지 고니를 의미하는 황혹黃鵠 등의 큰 새로 새기는 것도 잘못이다. 〈진섭세가〉의 홍혹 일화는 〈소요유〉에 나오는 대붕도남 일화와 똑같은 취지에서 나온 것이다.

무릇 천하를 거머쥐고자 한다면 홍혹이나 대붕처럼 큰 꿈을 꾸어야 한다는 의미다. 그렇다면 어떻게 해야 과연 대붕도남의 꿈을 이룰 수 있을까? 〈소요유〉는 그 비결을 이같이 비유해놓았다.

> 수적水積이 두텁지 않으면 큰 배를 띄울 수 없다. 웅덩이에 배를 띄우면 이내 바닥에 닿고 만다. 마찬가지로 대붕 역시 풍적風積이 두텁지

않으면 큰 날개를 띄울 수 없다. 대붕은 구만리 창공으로 차고 올라가야만 능히 남쪽으로 날아갈 수 있다.

'수적'은 바다를 밀도와 온도를 기준으로 심해층, 수온약층, 혼합층 등 여러 층이 겹친 것으로 간주한 데 따른 매우 과학적인 표현이다. '풍적'은 대기권과 성층권 등을 총칭한 말이다. 〈소요유〉는 대붕도남을 이루기 위해서는 반드시 먼저 풍적이 전제돼야 한다는 점을 역설한다. 이때 풍적은《논어》〈안연〉에서 '족식足食 → 족병足兵 → 민신民信'을 언급한 것과 같다. 대붕도남은 곧 득민심得民心이 전제돼야 성사될 수 있다고 풀이한 것이나 다름없다. 탈속脫俗을 역설한 장자사상이 입신양명立身揚名을 중시한 공자사상과 만나는 지점이다.

다만 주의할 점은 바로 겸양지심謙讓之心이 전제돼야 득민심에 성공할 수 있다는 사실이다. 원래 대붕이나 홍혹과 같은 용봉龍鳳의 인물은 뛰어난 자질과 강한 자부심으로 인해 득민심에 실패할 소지가 크다.《열자》〈설부〉에 이를 경계하는 우화가 나온다.

하루는 장자와 쌍벽을 이루는 도가의 대가 양주楊朱의 이웃 사람이 양을 잃었다. 그가 무리를 이끌고 양을 찾아나서자 양주가 물었다.

"겨우 양 한마리를 잃고서 어찌하여 찾아나서는 자가 이토록 많은가?"

"갈림길이 많기 때문이오!"

이웃 사람이 빈손으로 돌아오자 양주가 물었다.

"양을 찾았소?"

"끝내 잃어버리고 말았소."

"어찌 그리 된 것이오?"

"갈림길 속에 또 갈림길이 나와 어느 길로 가야 할지 알 길이 없었기 때문이오!"

양주가 근심 어린 표정을 지으며 며칠 동안 침묵으로 일관하자 제자인 심도자心都子가 물었다.

"같은 스승 밑에서 인의를 터득한 삼형제가 있었습니다. 부친이 그 요체를 묻자 큰아들은 몸을 아낀 뒤 여유가 있으면 명성을 추구하는 애신이명愛身而名, 둘째아들은 몸을 내던져 명성을 이루는 살신성명殺身成名, 막내아들은 몸과 명성을 두루 보전하는 신명병전身名竝全을 들었습니다. 외견상 상반되는 것처럼 보이나 사실은 모두 같은 뿌리에서 나온 듯합니다. 과연 누가 옳고, 누가 그른 것입니까?"

양주가 되물었다.

"옛날 해변에 사는 어떤 사람이 물과 수영에 익숙해지자 배의 노를 젓는 일로 100명의 식구를 먹여 살렸다. 그러자 양식을 싸가지고 이를 배우러 오는 자가 무리를 이뤘다. 그러나 이들 중 물에 빠져 죽는 자가 거의 절반에 달했다. 본래 이들은 배 젓는 일을 배우러 온 것이지 물에 빠져 죽는 것을 배우러 온 게 아니다. 그럼에도 이런 일이 벌어졌으니 과연 누가 옳고, 누가 그른 것인가?"

심도자가 밖으로 나와 학우들에게 이같이 말했다.

"무릇 대봉도남의 큰길은 갈림길이 많아 양을 잃어버리는 다기망양多岐亡羊의 어리석음에 빠지기 십상이다. 하나의 근본으로 되돌아가는 귀동반일歸同返一을 행해야만 다기망양의 잘못을 범하지 않게 된다!"

양주와 심도자 모두 대붕이 붕정만리의 여정에서 다기망양의 덫에 걸리는 것을 크게 우려했음을 알 수 있다. 다기망양의 덫에서 벗어나기 위해서는 망설임 없이 결단을 내려 구만리 창공 위로 치고 올라가야 한다. 이는 모든 정성을 기울여 득민심에 성공하는 것을 의미한다. 요체는 겸양지심이다.

난세의 칼, 치세의 붓

고려 때까지만 해도 경연經筵에서 사서삼경이 아닌《정관정요》를 놓고 국정을 논했다. 그러나 조선조가 성리학을 통치 이념으로 받아들이면서《정관정요》를 멀리하고 사서삼경의 상징인《맹자》를 가까이 한 것은 치명타였다. 구한말 조선 사대부들이 '칼'을 들고 쳐들어오는 사무라이 앞에 '붓'을 들고 나선 게 그렇다. 성리학 이론의 토대가 된《맹자》의 가장 큰 폐단은 난세조차 붓을 들고 천하에 임할 것을 주장한 데 있다. 난세에는 반드시 칼로 폭력을 제압해야 한다고 역설한《정관정요》와 정반대되는 주장이다. 일본이 에도 막부 이래 조선에서 수입한 성리학을 관학으로 삼았음에도 이 책을 제왕학의 최고 텍스트로 삼은 것과 대비된다.

에도 막부를 연 도쿠가와 이에야스(德川家康)는《정관정요》의 애독자였다. 그는 막부의 기틀을 다지기 위해 이 책의 내용을 대거 참조했다. 일본에서는 지금도 황족의 교육기관인 가쿠슈인대학(学學習院大學)이 이 책을 교양 필수 과목으로 정해놓고 있다. 시오노 나나미가 《로마인 이야기》를 집필하게 된 것도 본인이 밝혔듯이 모교에서 이 책을 등을 통해 치세와 난세의 논리를 통찰한 결과다.

우리나라도 문민정부 때 《정관정요》 붐이 일어난 적이 있다. 취임을 앞둔 대통령 당선인이 1993년 신정 연휴에 이 책을 읽었다는 보도가 나간 후였다. 그러나 '인사가 만사다'라고 공언한 문민정부는 정작 이 책의 키워드인 인사문제에서 실패한 데 이어 섣부른 OECD 가입을 자축하다가 전대미문의 IMF 환란을 맞았다. 책을 거꾸로 읽은 게 아니냐는 지적을 받은 이유다. 이후의 정부는 《정관정요》를 아예 거들떠보지도 않았다. 당시 인사 및 부정비리와 관련해 온갖 사건은 이 책의 가르침을 정면으로 거스렀기 때문이다. 난세의 창업創業과 치세의 수성守成 이치를 몰랐다고 평할 수밖에 없다.

《정관정요》는 주로 당태종 이세민과 직간直諫으로 명성을 떨친 위징의 대화로 구성되어 있다. 위징이 당태종에게 수시로 올린 간언의 요체는 '거안사위居安思危'다. 편안할 때 위기가 닥칠 때를 생각하여 근면히 정사에 임해야 한다는 뜻이다. 정관 15년(1641) 문하시중 위징은 당태종에게 이같이 간했다.

> 역대 제왕을 살펴보면 위기 때 현능한 자를 임용해 간언을 받아들이지만 일단 위기를 벗어나 안락하게 되면 반드시 느슨하고 태만한 마음을 품습니다. 이런 일이 지속되면 나라는 곧 위기에 처하게 됩니다. 옛날 성인이 거안사위를 행한 것은 바로 이 때문이었습니다.

강희제는 당태종을 롤 모델로 삼은 까닭에《정관정요》를 늘 몸에 지니고 다니며 안일과 자만을 경계했다. 거안사위를 실천한 것이다. 이 책의 가장 큰 미덕은 '난세의 창업'과 '치세의 수성' 이치가 상황에 따라 왕도와 패도를 섞어 쓰는 왕패병용王霸并用의 논리 위에 서 있다는 점을 명확히 밝힌 데 있다. 역사적으로 이를 가장 먼저 언급한 인물은 초한전 당시 유방劉邦의 참모로 활약한 육가陸賈다.

《사기》〈고조본기〉 등에 따르면 한고조 유방은 황제의 자리에 오르기 전까지 상대방과 대화를 나눌 때 스스로를 내공乃公 · 이공爾公 · 이공而公 등으로 표현했다. 모두 '자네 아버지'라는 뜻이다. 이와 반대되는 용어가 애송이 내지 조무래기의 뜻을 지닌 수자豎子다. 수자는 유방이 상대방을 경멸조로 부를 때 자주 사용했다. 유방이 빈객은 물론 주변 참모들로부터 거만하고 무례하다는 평을 들은 이유가 여기에 있다. 황제의 자리에 오른 후에도 유사한 욕설을 퍼부은 게 확실하다. 육가가 보위에 오른 유방 앞에서 한 충고가 이를 뒷받침한다.

"폐하가 말 위에서 천하를 얻었다는 것은 잘 알고 있습니다. 그러나 말 위에서 천하를 다스릴 수는 없습니다. 폐하보다 먼저 천하를 통일한 진나라가 만일 폐하가 언급한 인의와 성왕의 길 등을 지켰다면 대체 어떻게 폐하가 천하를 얻을 수 있었겠습니까?"

〈고조본기〉는 당시 유방이 언짢아하면서도 부끄러운 기색을 보였다고 기록해놓았다. 정곡을 찔렀기 때문일 것이다. 육가가 난세에 칼로 천하를 얻는 득천하得天下의 창업과 치세에 붓으로 천하를 다스리는 치천하治天下의 수성 이치를 마상馬上과 마하馬下의 비유를 들어 설명한 것은 탁견이다. 사실상의 당나라 창업주에 해당하는 이세민이 즉위 후 충의忠義를 역설하며 왕도의 행보를 보인 것도 이런 맥락에서 이해할 수 있다.《정관정요》〈충의〉에 나오는 다음 일화가 이를 뒷받침한다.

풍립馮立은 무덕 연간에 동궁부 각 부서 사무를 총괄하는 동궁솔東宮率이 되어 당태종의 형인 은태자 이건성의 각별한 총애를 입었다. 이건성이 죽게 되었을 때 주위에 있던 사람들이 대부분 흩어졌다. 풍립이 탄식했다.

"어찌 태자가 살아 있었을 때 큰 은혜를 입고도 사경에 빠지게 되자 모두 난을 피해 달아나기만 하는 것인가?"

그러고는 병사들을 이끌고 현무문 쪽으로 달려가 힘껏 싸웠다. 이세민 쪽에 선 둔영장군屯營將軍 경군홍敬君弘을 죽인 뒤 부하들에게 이같이 말했다.

"이로써 태자의 은혜에 조금이나마 보답할 수 있게 됐다."

이어 군대를 해산한 뒤 교외로 달아났다. 얼마 후 항복하며 처벌을 자청했다. 당태종이 풍립을 질책했다.

"너는 전에 병사들을 이끌고 와 짐의 많은 병사를 살상했다. 어찌 죽음을 면할 수 있겠는가?"

풍립이 눈물을 흘리며 말했다.

"저는 주군을 모시면서 죽음으로 보답하기를 원한 까닭에 싸우면서 조금이라도 거리끼는 것이나 두려워할 게 없었습니다."

풍립이 소리 내어 슬피 울면서 몸을 제대로 가누지 못하자 당태종은 그를 위로하며 궁궐을 지키는 좌둔위중랑장左屯衛中郎將에 임명했다. 풍립이 친하게 지내는 사람들에게 말했다.

"황상으로부터 막대한 은혜를 입어 죄를 사면받게 됐으니 반드시 죽음으로써 보답할 것이다."

얼마 후 돌궐이 변교便橋까지 밀고 들어왔다. 그러자 풍립은 수백 명의 기병을 이끌고 가 함양咸陽에서 맞서 싸웠다. 죽이거나 포로로 잡은 자가 매우 많았다. 그가 군사를 지휘해 진격할 때마다 적들이 크게 놀라 사방으로 달아났다. 당태종이 이 얘기를 듣고 크게 칭송했다.

'현무문의 변' 당시 이원길의 제왕부齊王府에 근무하던 좌부거기左府車騎 사숙방謝叔方 역시 병사를 이끌고 현무문을 공격했다. 당태종의 측근인 경군홍과 중랑장 여형呂衡을 죽이자 당태종이 이끄는 군사의 사기가 크게 떨어졌다. 당태종의 경호를 담당하는 호군위護軍尉 울지경덕尉遲敬德이 마침내 이원길을 죽인 뒤 그 수급을 이들에게 보냈다. 사숙방은 즉시 말에서 내려 대성통곡하고 절을 한 뒤 달아났다. 이튿날 그가 자수하러 오자 당태종이 말했다.

"참으로 의사義士다!"

그러고는 그를 석방한 뒤 우익위낭장右翊衛郎將에 임명했다. 조선의 태종 이방원이 이를 흉내 냈다. 이세민과 유사한 수법으로 보위를 차지한 그는 자신의 손으로 제거한 고려조의 충신 정몽주를 높이 받들었다. 난세의 창업과 치세의 수성 이치가 다르다는 사실을 통찰한 결과다. 《정관정요》를 관통하는 창업과 수성의 키워드 역시 이런 관점에서 접근해야 그 의미를 정확히 파악할 수 있다.

· 2 ·

인재는 영웅보다 귀하다

· **진인지지**盡人之智 ·

중지, 집단지성의 힘

난세에 영웅이 난다는 말이 있다. 이때 영웅 한 사람이 난세를 구한다고 오해해서는 안 된다. 초월적 능력을 지닌 슈퍼맨 같은 영웅이 나타나 위기의 세상을 구한다는 스토리는 할리우드 영화에서 보듯 비현실적이다. 반면 동양사상에서는 '중지衆智'를 강조했다. 현실적으로 영웅 한 사람의 힘만으로는 세상의 모든 일을 평정하기 힘들며, 인재가 많을수록 뜻을 이루기가 쉽다는 점을 간파했던 것이다.

동서고금을 불문하고 인재의 중요성은 강조됐다. 21세기도 마찬가지다. 창조적 아이디어 하나가 창출하는 자산 가치가 더욱 중요해지자 기업과 국가 가리지 않고 창조적 인재 발굴에 투자를 아끼지 않는다. 특히 한국 같은 자원 빈국에서는 창조적인 마인드를 지닌 인재가 더욱 절실하다. 먼 미래를 보고 과감히 인재 양성에 투자하는 안목이 관건이다. 《관자》〈권수〉에 이를 뒷받침하는 구절이 나온다.

일년지계一年之計로 곡식을 심는 것보다 나은 게 없고, 십년지계十年之計로 나무를 심는 것보다 나은 게 없다. 종신지계終身之計로 사람을 키우는 것보다 나은 게 없다. 한 번 심어 한 번 거두는 건 곡식이고, 한 번 심어 열 배의 이익을 얻는 건 나무고, 한 번 키워 백 배의 이익을 얻는 건 사람이다. 인재를 키우면 마치 그를 귀신같이부리는 것과 같다. 일을 귀신같이 행하는 자만이 왕자王者의 자격이 있다.

곡식을 심는 것은 1년, 나무를 심는 것은 10년, 사람을 심는 것은 100년 뒤를 내다보는 프로젝트에 해당한다. 요체는 100년 뒤를 내다보며 100배의 이익을 얻는 수인이다. 이게 동양 전래의 인재론이다. 사실 동양 고전만큼 인재의 중요성을 역설하는 것도 없다. 공자도 《논어》〈태백〉에서 인재의 중요성을 다음과 같이 언급했다.

순임금이 5명의 신하를 두어 천하를 잘 다스린 것을 두고 주무왕은 말하기를 '나는 잘 다스릴 줄 아는 10명의 신하를 두었다'고 했다. 인재를 얻기가 어렵다고 하는데 실로 그렇다.

공자의 이런 언급은 두 가지 메시지를 담고 있다. 첫째, 치천하의 성패는 인재의 확보에 있다. 둘째, 인재를 얻는 것은 매우 어려운 작업이다. 법가사상의 집대성자인 한비자는 전혀 다른 각도에서 이 문제를 바라보았다.《한비자》〈난이〉의 해당 대목이다.

> 무릇 관직은 현자를 등용하기 위한 방편이고, 작록爵祿은 공로에 대해 상을 주기 위한 수단이다. 관직을 만들고 작록을 벌여놓으면 인재들은 저절로 모여든다. 사람을 찾는 일이 어찌 고생스러울 리 있겠는가?

군주의 위세와 권력을 적절히 활용하기만 하면 인재를 얻는 일은 그리 어려울 것도 없다는 논지다. 권력과 위세의 효능을 이처럼 잘 설명한 것도 없다. 언뜻 보기에는 공자와 한비자의 주장은 서로 모순된 듯하나 크게 보면 같은 곡을 달리 연주한 것에 지나지 않는다. 공자는 재덕才德을 겸비한 인재를 얻는 일이 쉽지 않다는 점을 주장한 것이고, 한비자는 재덕 가운데 덕을 생략한 채 쓸모 있는 능력을 갖춘 인재를 찾는 일은 그리 어렵지 않다는 점을 언급한 것이다. 모순될 일이 없다.

고금을 막론하고 난세의 시기에 재덕을 겸비한 인재를 찾기란 쉽지 않다. 그러나 한 가지 재주만 지녔을지라도 과감히 발탁해 필요한 부분에 투입하는 이른바 유재시거惟才是擧의 원칙을 관철할 경우 인재를 확보하는 일은 그다지 어렵지 않다. 실제로 조조는 유재시거의 원칙을 관철해 천하를 호령했다.

건안 15년(210) 조조는 천하의 인재를 널리 구하기 위해 '구현령求賢令'을 발포했다. 이는 중국의 역대 왕조에서 제왕이 반드시 본받아야 할 모범적인 사례로 평가받고 있다. '구현령'의 골자는 대략 다음과 같다.

> 자고로 천명을 받아 창업을 하거나 나라를 중흥시킨 군주로서 일찍이 현인군자를 얻어 그들과 함께 천하를 통치하지 않으려고 한 자가 어디 있었겠는가? 천하가 아직도 안정되지 않아 더욱더 현자를 구하는 일을 서둘러야 할 시기다. 지금 천하에 피갈회옥被褐懷玉의 자세로 위수 가에서 낚시질이나 하는 현자가 어찌 없겠는가? 또 도수수금盜嫂受金의 재능을 갖추고도 위무지魏無知의 천거를 받지 못한 자가 어찌 없겠는가? 여러분은 나를 도와 누항陋巷에 있는 자일지라도 오직 능력만 있으면 천거하도록 하라. 내가 그들을 얻어 임용할 것이다.

'피갈회옥'은 남루한 옷을 걸치고 웅지를 품은 사람을 말한다. 주왕조 개국공신인 여상이 그 주인공이다. 형수와 사통하고 뇌물을 받았다는 도수수금은 전한의 개국공신 진평陳平이 당사자다. 위무지는 진평을 천거한 사람이다.

'구현령'의 핵심은 크게 두 가지다. 하나는 피갈회옥의 현인군자를 구하는 것이고, 다른 하나는 도수수금의 인재를 구하는 것이다. 소위 강태공으로 불리는 여상呂尙은 주문왕을 위수 가에서 만날 때까지 궁핍하게 살며 낚시로 소일했다. 주문왕은 여상을 만나 곧바로 그를 국사國師로 삼음으로써 마침내 주나라 건국의 기틀을 다지게 되었다.

조조가 여상을 예로 든 것은 재덕을 겸비한 현인군자의 지혜를 빌려야만 비로소 새로운 왕조를 개창하거나 피폐한 왕조를 중흥시킬 수 있다는 판단에 따른 것이다. 피갈회옥의 현인군자를 모으고자 한 것은 '득천하'를 넘어 '치천하'까지 염두에 두고 있음을 시사한다. 치천하는 유재시거와 반대되는 유덕시보惟德是輔에 방점을 찍고 있다. 재덕을 겸비한 자만이 보필로 발탁할 만하다는 뜻이다.

당시 조조의 휘하에서 피갈회옥의 현인군자에 가장 가까웠던 인물은 다름 아닌 순욱荀彧과 순유荀攸였다. 두 사람 모두 재덕을 겸비한 뛰어난 인물이었다. 그러나 불행하게도 두 사람은 조조가 위공 및 위왕이 되는 것을 반대했다가 조조의 손권 토벌전에 종군하던 중 병사하고 말았다. 이로 인해 여러 이야기가 나오게 되었으나 근본적으로는 두 사람 모두 조조가 득천하를 거쳐 치천하로까지 나아가려는 것을 원치 않았다. 이들은 조조의 속셈을 읽고는 한나라의 앞날에 대한 우려와 조조와의 의리에 대한 번민을 이기지 못하고 병사했던 것이다.

득천하는 치천하와 달리 오직 능력만 있으면 발탁하는 유재시거의 원칙을 관철하는 게 요체다. 조조는 유재시거의 원칙을 설파하기 위해 제환공의 경우를 들었다. 관중은 청렴한 선비인 염사廉士가 아니었다. 게다가 그는 훗날 자신이 모시게 된 제환공의 적이었다. 주목할 점은 제환공이 보위를 차지한 뒤 관중을 과감히 재상으로 발탁한 사실이다. 능력을 높이 산 결과다. 그가 사상 최초로 춘추시대의 첫 패자가 될 수 있었던 이유다. 조조가 득천하 단계에서 절실히 필요한 인물은 바로 관중 같은 인재였다.

당시 조조의 휘하에서 관중과 유사한 역할을 담당한 인물을 고르라면 단연 곽가郭嘉를 들 수 있다. 그는 원소의 휘하에 있다가 자진하여 조조에게 몸을 의탁한 후 조조의 웅지와 책략, 인간적 장단점 등을 가장 적확히 이해한 인물이다. 그러나 불행히도 곽가는 요절하고 말았다. 조조의 입장에서 볼 때 치명타가 아닐 수 없다. 조조가 탄식한 바와 같이 곽가가 살아 있었다면 적벽대전에서 패하지 않은 것은 물론 동오의 손권을 제압하고 당대에 천하통일의 위업을 이루었을 것이다.

도수수금과 관련한 일화는《사기》〈진승상세가〉에 나온다. 일찍이 유방이 항우를 치러갔다가 패한 후 군사를 이끌고 돌아오던 중 흩어진 군사를 수습해 형양에 이르러 진평을 아장亞將으로 삼아 한왕 한신韓信(토사구팽을 당한 한신과 동명이인) 밑에 예속시킨 바 있다. 그러자 주발周勃과 관영灌嬰이 유방 앞에서 진평을 이같이 헐뜯었다.

"진평이 비록 호남아이기는 하나 겉모습만 뛰어나고 그 속은 아무것도 없을 것입니다. 신들이 듣건대 진평은 집에 있을 때는 형수와 사통했고, 위나라를 섬겼으나 받아들여지지 않자 도망하여 초나라에 귀순했고, 초나라에 귀순하여 뜻대로 되지 않자 다시 도망하여 우리 한나라에 귀순했습니다. 그런데 오늘 대왕이 그를 높여 관직을 주고 호군으로 삼았습니다. 또 신들이 듣건대 진평은 여러 장수들로부터 금품을 받으면서 금품을 많이 준 자는 후대하고 금품을 적게 준 자는 박대했다고 합니다. 진평은 반복무상한 역신逆臣이니 원컨대 대왕은 그를 깊이 헤아리기 바랍니다."

유방은 이 말을 듣고 진평을 천거한 위무지를 불러 크게 질책했다. 그러자 위무지가 이같이 말했다.

"신이 응답한 것은 그의 능력이고, 대왕이 물은 것은 그의 행동입니다. 지금 만일 그에게 약속을 지키기 위해 만남의 장소인 다리 밑에서 한없이 기다리다 물에 빠져 죽은 미생尾生과 효성이 지극했던 은나라 고종의 아들 효기孝己와 같은 행실이 있을지라도 승부를 다투는 데는 아무런 도움이 되지 않습니다. 대왕이 어느 겨를에 그런 사람을 쓸 수 있겠습니까? 지금 바야흐로 초나라와 한나라가 서로 대항하고 있기에 신이 기이한 계책을 내는 뛰어난 책사인 기모지사奇謀之士를 천거한 것이니 그의 계책이 나라에 이로운지만을 살펴야 할 것입니다. 그러니 도수수금이 어찌 문제가 되겠습니까?"

그러나 유방은 위무지로부터 이런 얘기를 듣고도 안심이 안 되어 진평을 불러 어찌하여 여러 사람을 섬기게 되었는지를 따졌다. 그러자 진평이 이같이 응답했다.

"신이 위왕을 섬겼으나 위왕은 신의 말을 채택하지 않았습니다. 그래서 위왕을 떠나 항우를 섬긴 것입니다. 그러나 항왕은 다른 사람을 믿지 못하면서 오직 항씨 일가와 처남들만을 총애했습니다. 설령 뛰어난 책사가 있다 한들 중용될 여지가 없기에 저는 초나라를 떠났던 것입니다. 그런데 도중에 대왕이 사람을 잘 가려 쓴다는 얘기를 듣고 대왕에게 귀의하게 된 것입니다. 신은 빈손으로 온 까닭에 여러 장군들이 보내준 황금을 받지 않고서는 쓸 돈이 없었습니다. 만일 신의 계책 중 쓸 만한 것이 있으면 원컨대 대왕이 저를 채용하고, 쓸 만한 것이 없다고 판단되면 황금이 아직 그대로 있으니 잘 봉하여 관청으로 보내고 사직하게 해주시기 바랍니다."

이에 유방이 진평에게 사과하고 후한 상을 내린 뒤 호군중위護軍中尉에 임명해 제장들을 지휘하도록 했다. 그러자 제장들이 더 이상 진평을 헐뜯지 못했다. 결국 유방은 진평을 발탁해 마침내 천하통일의 대업을 이루게 되었다. 조조는 바로 유방의 그런 행보를 본받고자 했던 것이다.

오직 재능만 볼 뿐

조조의 휘하 인물 가운데 진평과 가장 유사한 인물을 고르라면 단연 가후賈詡를 꼽을 수 있다. 가후는 동탁의 휘하에 있다가 이각 및 곽사를 부추겨 장안 정권을 세우게 한 뒤 다시 장수에게 몸을 맡겼다가 마침내 조조에게 귀의한 인물이다. 가후가 장수를 부추겨 함께 조조에게 귀의한 것은 오로지 자신의 이익을 위해서였다. 그의 행보에서는 순욱이나 순유와 같은 절조는 물론 곽가와 같은 충성이 전혀 보이지 않는다. 그는 난세에 자신의 재능을 팔아 보신하는 요령을 터득한 인물이었다. 그는 전술 면에서 조조를 능가할 정도의 탁월한 재능을 지니고 있었다. 조조는 가후의 이런 재능을 높이 샀던 것이다.

건안 18년(213) 5월 조조는 그간의 공을 인정받아 위공魏公으로 작위가 올라갔다. 종묘사직을 새롭게 하고 인재도 선발해야 했다. 조조는

'취사물폐편단령取士勿廢偏短令'을 내렸다. 재능과 덕행을 모두 갖춘 인재를 찾기는 어려우니 한쪽으로 치우친 단점이 있을지라도 인재를 놓쳐서는 안 된다는 게 골자였다.

무릇 품행이 뛰어난 선비가 반드시 진취적인 것은 아니다. 적극적으로 일을 추진해 공업을 세우는 선비 역시 반드시 품행이 뛰어난 것도 아니다. 진평이 어찌 독실한 인물이고, 소진이 어찌 신뢰를 지키는 인물이라 할 수 있겠는가? 그러나 진평은 천하를 평정하고 한나라 건국의 대업을 이뤘고, 소진은 미약한 연나라를 구했다. 이로써 말하건대, 선비가 설령 한쪽으로 치우친 단점이 있을지라도 어찌 가히 폐할 수 있겠는가? 해당 관원은 이 뜻을 분명히 생각해 선비 중에 발탁되지 못해 초야에 묻혀 있는 자가 없게 하고, 관원 중에 그 업무를 폐하는 자가 없게 하라.

이는 건안 15년에 인재를 널리 천거하도록 촉구한 '구현령'보다 훨씬 진전된 것이었다. '취사물폐편단령'이 나오게 된 것은 재덕을 겸비한 인재는 매우 희귀할 수밖에 없다는 사실을 통찰한 결과다. 당시 조조는 인재 발탁을 관장하는 부서의 관원들이 한쪽으로 치우친 단점이 있다는 이유로 많은 인재들을 방치하고 있다는 우려를 거둘 수가 없었다. 어느 세상이나 재덕을 겸비한 사람은 드문 법이다. 조조는 어느 한쪽이 부족한 것을 이유로 유능한 인재를 놓치는 일이 없도록 하기 위해 이를 선포한 것이다. 조조의 인재를 찾고자 하는 열의는 작위가 높아질

수록 더욱 강화되는 모습을 보였다. 건안 21년(216) 5월, 조조는 위공에서 다시 위왕魏王으로 작위가 올라갔다.

이듬해인 건안 22년(217) 4월, 천자의 깃발을 세우고 출입할 때 경필警蹕을 할 수 있는 특권까지 인정받았다. 경필은 미리 앞서가며 길을 치우는 등 부분적인 계엄을 실시하는 것을 말한다. 이로 인해 보다 많은 인재들이 필요하게 되었다. 이해 8월, 조조는 '거현물구품행령擧賢勿拘品行令'을 내렸다. 품행에 구애받지 말고 재능만 있으면 무조건 천거하라고 독려한 것이다. 〈무제기〉의 배송지 주에 인용된 《위서》에 그 내용이 실려 있다.

> 옛날 이윤伊尹과 부열傅說은 천인 출신이었고, 관중은 제환공의 적이었으나 모두 크게 발탁되어 나라를 흥하게 만들었다. 소하와 조참은 현의 아전 출신이었고, 한신과 진평은 더러운 오명에 웃음거리를 당한 부끄러움이 있었으나 마침내 왕업을 이뤄 그 명성이 1천 년 동안 빛나고 있다. 오기吳起는 장수 자리를 탐하여 처를 죽이고 금전을 뿌려 관직을 얻었다. 모친이 죽었어도 문상을 가지 않은 채 위나라에 머물자 진秦나라가 감히 동쪽으로 나아가지 못했다. 그가 초나라에 머물 때는 위·한·조 등의 3진晉이 감히 남쪽을 넘보지 못했다. 지극한 덕을 갖춘 인물이 민간 사이에 방치되거나, 과단성과 용기를 지닌 채 자신을 돌보지 않고 적을 만나 죽기로 싸울 수 있는 자를 그대로 놓아두어서는 안 된다. 설령 낮은 직위에 있는 관원일지라도 그 재주가 높고 자질이 특이하여 장수가 될 만한 자가 있을 수 있다. 또 오명을

뒤집어쓰거나 사람들의 웃음거리가 되는 품행이 있거나 혹은 불인불효不仁不孝할지라도 치국과 용병에 뛰어난 재주를 지닌 자가 있을 수 있다. 각기 이런 자들을 아는 바대로 천거하여 빠지는 경우가 없도록 하라.

'거현물구품행령'이 나오게 된 배경은 말할 것도 없이 조조의 위나라가 장차 한나라를 대신해 새로운 왕조로 들어설 것임을 예고한 데 있다. 당시 조조가 빠짐없이 천거해야 할 인재로 거론한 유형은 모두 다섯 종류다.

첫째, 출신이 미천하나 나라를 흥하게 만들 만한 경륜과 재주를 가진 사람이다. 은나라 때의 이윤과 부열이 그들이다. 이윤은 비록 노예 출신이나 탕왕을 도와 하나라를 멸한 개국공신이다. 부열은 은나라 고종 때의 대신으로 본래 성을 쌓는 노비였다. 무정은 부열을 발탁해 재상으로 삼음으로써 은나라를 중흥시킬 수 있었다.

둘째, 비록 적이기는 하나 나라의 패업을 이룰 수 있는 인물이다. 대표적인 인물이 제환공을 춘추시대의 첫 패자로 만든 관중이다. 제환공은 일찍이 관중을 죽이기 위해 화살을 날려 관중의 허리띠를 맞추었다. 그러나 포숙아의 건의를 받아들여 관중을 재상으로 삼음으로써 마침내 춘추시대의 첫 패자가 될 수 있었다.

셋째, 명성은 높지 않으나 치국의 재주가 출중한 인물이다. 한나라의 건국 공신인 소하蕭何와 조참曹隨이 그들이다. 소하는 당초 패현의 아전으로 있다가 유방을 좇아 천하평정에 결정적인 공헌을 했다. 그는 유방이 항우와 다툴 때 군량 등을 제때 공급한 공을 인정받아 논공행상에서 수위를 차지했다. 조참은 소하의 뒤를 이어 승상이 된 인물로 도가의 무위지치를 이용해 한나라의 기틀을 확고하게 다졌다. 소하와 조참 모두 오랫동안 명재상의 전형으로 여겨졌다.

넷째, 오명을 뒤집어쓰고 사람들의 냉소를 받았으나 끝내 왕업을 이루는 데 결정적인 공헌을 함으로써 천고에 이름을 남긴 인물이다. 대표적인 인물이 바로 한신韓信과 진평이다. 한신은 집이 가난하여 늘 남에게 얹혀 먹는 것을 해결하던 중 남의 가랑이 밑을 기어가는 치욕을 당한 바 있다. 저자의 웃음거리가 되었으나 그는 이를 개의치 않고 유방을 도와 천하평정에 결정적인 공헌을 했다.

다섯째, 비록 어질지 못하고 불효하기는 하나 용병술에 뛰어난 인물로 전국시대의 오기嗚起를 들 수 있다. 오기는 노나라의 장수가 되기 위해 제나라 출신의 부인을 살해했다는 비난을 받았다. 또한 관직을 구하기 위해 집안의 재산을 모두 탕진하고 모친이 사망했을 때도 상례에 참석하지 않아 불효한 인물로 손가락질을 받았다. 그러나 그는 노나라에서 벼슬할 때는 제나라를 크게 부수고, 위나라에서 벼슬할 때는 진秦나라의 5개 성을 공략하는 공을 세웠다. 또 초나라에서 벼슬할 때는 법령을 엄히 하여 남쪽으로 백월百越을 평정하고, 북쪽으로 진陳·채蔡를 합병하고, 3진晉을 물리치고, 서쪽으로 진나라를 정벌해 제후들을 두려움에 떨게 만들었다.

삼국시대 당시 조조처럼 공개적으로 인재를 모은 사람은 없다. 그는 생전에 모두 세 번에 걸쳐 대대적으로 인재를 모았다. '구현령' '취사물폐편단령' '거현물구품행령' 등의 포고령을 관통하는 키워드는 오직 재능만 있으면 과감히 발탁한다는 유재시거의 원칙이다.

삼국시대 당시 이를 관철한 인물은 오직 조조밖에 없었다. 유비는 군자 흉내를 내며 왕도를 내세운 까닭에 근본적으로 이를 행할 수가 없었다. 자신이 내세운 가치와 모순되기 때문이다. 유비의 무리가 늘 인재부족으로 어려움을 겪은 이유다. 손권 역시 유비에 비해 상대적으로 많은 인재를 보유하기는 했으나 조조에 비할 바가 아니었다. 이는 동오의 인재들이 주로 현지에 뿌리를 내린 세족世族이었던 사실과 무관하지 않다. 조조처럼 유재시거를 기치로 내걸고 천하의 인재를 모으고자 할지라도 그 효과가 극히 의심스러웠다. 능력만 있으면 설령 적일지라도 과감히 발탁한 조조의 인재 확보 행보가 돋보이는 이유다.

깊이 파려면 넓게 파라

인재의 등용 못지않게 중요한 것이 인재의 활용이다. 상황에 따라 핵심인재도 다양한 모습을 띨 수밖에 없다. 《손자병법》은 다양한 인재의 적재적소 배치를 역설한다. 〈모공〉의 해당 대목이다.

> 전쟁을 잘하는 자는 승리의 관건을 전세에서 찾을 뿐 일부 장병의 용맹에 기대지 않는다. 인재를 자신의 능력을 최대한 발휘할 수 있는 곳인 적재적소에 배치하는 방법으로 유리한 전세를 만들어내는 게 요체다.

한 사람의 천재에 기대는 전략보다는 여러 사람의 지혜를 모으는 이른바 '중지'를 중시한 셈이다. 이게 정답이다. 아무리 뛰어난 천재라 할지라도 매사에 두루 능할 수는 없기 때문이다. 한비자는 중지의 중요성을 통찰한 대표적인 인물이다. 《한비자》〈8경〉의 다음 대목을 읽으면 이를 쉽게 알 수 있다.

> 한 사람의 힘(獨力)으로는 여러 사람의 힘(衆力)을 대적할 수 없고, 한 사람의 지혜(獨智)로는 만물의 이치를 다 알 수 없다. 군주 한 사람의 힘과 지혜로 나라를 다스리는 것은 온 나라 사람의 힘과 지혜를 이용하는 것만 못하다. 군주 한 사람의 지혜와 힘으로 무리를 대적하면 늘 무리를 이룬 쪽이 이기게 된다. 설령 계략이 가끔 적중할지라도 본인 홀로 고단하고, 만일 들어맞지 않게 되면 그 허물은 온통 군주 홀로 뒤집어쓰게 된다. 하급의 군주인 하군下君은 오직 본인 한 사람의 지혜와 힘을 모두 소진하고, 중급의 군주인 중군中君은 사람들로 하여금 자신의 힘을 모두 발휘하게 하고, 상급의 군주인 상군上君은 사람들로 하여금 자신의 지혜를 모두 발휘하게 한다.

이는 동양이 기원전부터 서양의 집단지성에 해당하는 중지를 얼마나 중시해왔는지를 극명하게 보여주는 대목이기도 하다. 우리 속담에 '우물을 깊이 파려면 넓게 파라'는 말이 있다. 깊고 넓게 파려면 독력과 독지로는 불가능하다. 반드시 중력과 중지를 이용해야 한다.

주목할 점은 특정 분야에 정통하면서도 지적 호기심이 넘치는 핵심 인재 이외에도 그렇지 못한 사람들이 지혜를 모을 경우에도 의외로 뛰어난 창의성을 발휘할 수 있다는 점이다. 스탠퍼드대학교 로버트 서튼 Robert sutton 교수는 이같이 언급했다.

> 통상적으로 '학습이 부진한 자'와 '조직을 불편하게 하는 자', '해당 분야에 필요하지 않을 듯한 자'들이 함께 어우러져 일할 때 오히려 창의성이 증폭될 수 있다.

그가 주목한 것은 모범생과 문제아를 막론하고 뭔가 새로운 것을 찾고자 하는 뜨거운 열정과 집념이다. 스티브 잡스가 대표적인 인물이다. '천재적 발상을 통한 중지의 수렴'이 비결이다. 아이폰의 키워드인 '앱스토어'가 등장한 배경이다. 이를 두고 잡스 같은 천재였기에 그런 일이 가능했다고 하는 것은 무책임하다. 서튼의 지적이다.

> 조직에서 혁신이 지속적으로 일어나려면 한 명의 천재로는 불가능하다. 조직의 모든 구성원들이 창의적인 아이디어를 지속적으로 제안할 수 있어야 한다. 이런 제안 활동이 끊임없이 실천될 수 있게 하는 제도와 시스템이 갖추어져 있어야 하고, 이게 조직의 문화로 자리 잡을 필요가 있다.

범재凡才라 할지라도 자신만의 아이디어가 있다는 사실에 주목한 지적이다. 범재 개개인이 지니고 있는 여러 아이디어를 어떻게 모으는가가 성패를 좌우하는 셈이다. 중지의 효과를 극대화하기 위해서는 우수한 인재의 확보도 중요하지만 소속원 전원이 같은 목표를 향해 함께 뛸 수 있어야 한다.

백성은 귀하고, 군주는 가볍다

인간을 우주의 중심에 놓고 모든 것을 사람에서 시작해 사람으로 끝나는 접근 방식을 '인본주의'라고 한다. 동양의 공자와 서양의 소크라테스 모두 이를 강조했다. 동양에서 이를 개인 차원이 아니라 국가 차원으로 확대 해석한 인물이 있다. 바로 맹자다. 그는 '인본'을 '민본民本'으로 바꿔 표현했다.《맹자》〈진심 하〉의 해당 구절이다.

> 백성이 귀하고, 사직은 다음이고, 군주는 가볍다. 그래서 들에서 일하는 백성의 마음을 얻는 자는 천자가 되고, 천자의 마음을 얻는 자는 제후가 되고, 제후의 마음을 얻는 자는 대부가 된다. 제후가 사직을 위태롭게 하면 제후를 바꾼다. 살진 희생犧牲과 정결한 곡식을 마련해 제때에 제사를 지냈는데도 가뭄이 들고 홍수가 나면 기존의 사직단을 허물고 새롭게 바꾼다.

군주를 가볍게 보고 백성을 귀하게 보는 맹자의 이런 관점을 흔히 '군경민귀君輕民貴' 사상이라고 한다. 이 사상은 동서고금을 통틀어 사상 최초의 '폭군방벌론'에 해당한다. 계몽주의 시대에 프랑스의 루소와 볼테르는 라틴어로 번역된 《맹자》의 이 대목을 읽고 무릎을 쳤다. 루소가 《민약론》에서 민권을 역설하고, 볼테르가 국가 간의 대등한 권리인 소위 '주권'을 강조한 배경이 여기에 있다.

동서고금을 막론하고 사회 변동의 주체는 말할 것도 없이 백성, 즉 인민이다. 맹자의 군경민귀 사상은 현대에도 그대로 적용된다. 많은 사람들이 맹자의 민본주의 사상을 서양의 민주주의와 다른 것으로 알지만 이는 잘못이다. 민본주의와 민주주의 모두 인민을 국가 성립과 정치권력의 발동, 혁명을 포함한 모든 정치 변혁의 주체로 상정한 점에서 하등 차이가 없다. 양자는 오직 권력의 주체를 선정하는 방법론적 차이만 있을 뿐이다.

동양의 민본주의에서는 학문과 덕행을 닦은 위정자를 천거 또는 고시 제도로 선발했다. 투표로 대표자를 뽑은 서양의 민주주의와 대비된다. 크게 보면 이런 차이는 지엽적인 문제에 지나지 않는다. 명대 말기에 황종희黃宗羲가 《명이대방록明夷待訪錄》에서 주장한 바를 보면 이를 쉽게 알 수 있다.

> 군주란 본래 개인적인 이해관계를 초월해 공익을 위해 헌신하는 사람이다. 군주가 하는 일은 많고 고달픈 까닭에 아무도 군주가 되기를 원치 않았다. 그러나 후대에 와서 군주는 천하를 자신의 수중에 넣게 되자 심지어는 천하를 사유재산으로 생각해 대대로 자손에게 이어가면서 영원히 전하고자 했다. 옛날에는 천하 인민이 주인이고 군주가 손

님이었던 것이 후세에는 군주가 주인이 되고 천하 인민이 손님이 된 것이다. 이런 상황에서는 인민의 헌신적인 봉사는 전혀 기대할 수 없다. 혁명을 수행한 주나라 무왕이야말로 성인이고, 이를 시인한 맹자의 말이야말로 진정한 성인의 말이다.

맹자의 민본주의와 서양의 민주주의가 기본 이념에서 하등 차이가 없음을 뒷받침한다. 현재 많은 사람들이 프랑스혁명 이후에 등장한 민주공화정의 연원이 고대 그리스의 민주정에 있는 것으로 알고 있으나 이는 부분적으로만 맞는 말이다.

2010년 초 한국어로 번역된 전 베이징대학 교수 주첸즈(朱謙之)의 《중국이 만든 유럽의 근대》에 따르면 동양 고전이 서양에 본격적으로 소개된 것은 16, 17세기다. 마테오 리치를 비롯해 당시 선교차 중국에 온 제주이트 교단 선교사들이 동양 고전을 라틴어로 번역해 서구에 소개했다. 이게 서구의 지성사를 뒤바꾸는 결정적 계기로 작용했다.

프랑스혁명 직전 런던에서 간행돼 파리에서 팔린 《공자자연법》은 맹자의 성선설을 원용해 기독교의 원죄설에 뿌리를 둔 홉스의 성악설을 비판한 책이다. 루소가 〈인간불평등 기원론〉에서 불평등 사회의 기원을 사유재산의 소유에서 찾은 것도 맹자의 성선설에서 힌트를 얻은 것이다. 백과전서파의 보르되는 《논어》 〈안연〉 편의 구절을 예로 들어 이 같이 주장하기도 했다.

기독교는 단지 사람들에게 악을 행하지 말라고 말하는 데 그쳤으나 공자는 '자신이 하고 싶지 않은 것을 남에게 시키지 마라' 며 사람들에게 적극 덕을 베풀 것을 권했다. 인류의 지혜는 중국보다 더 나은 통치제도를 생각해낼 수 없다.

서구 중농학파의 시조 프랑수아 케네는 맹자의 정전제井田制에서 힌트를 얻어 〈경제표〉를 만들었다. 자신을 '유럽의 공자'로 불러달라고 주문한 그는 성리학의 '천리天理'가 기독교의 '하나님'을 대신하는 자연법으로 작용할 경우 위대한 사회과학을 만들 수 있다고 주장했다. 실제로 그는 루이 15세를 부추겨 동양의 제왕이 몸소 농사짓는 모습을 보여주는 적전籍田 의식을 거행하기도 했다. 이를 두고 마르크스는《독일 이데올로기》에서 "케네는 '봉건 간판'의 포로가 되어 있다"고 비판했다. '봉건 간판'은 공자를 포함한 중국의 성리학자들을 지칭한 것이다. 케네는《중국 제왕 정치론》에서 "중국은 유교 경전과 탄탄한 법체계가 자연법을 존중한 까닭에 이성에 입각한 통치체제를 갖추게 된 것이다"라고 반박했다.

계몽주의 사상가들은 공자의 인본주의 사상보다 맹자의 민본주의 사상을 더 중시했다. 프랑스혁명의 타도 대상인 '앙시앵 레짐ancien régime'의 통폐를 더 잘 설명해주었기 때문이다. 이들은 군경민귀를 역설한 맹자의 말에 열광했다. 이들이 민본주의 사상을 최고의 통치사상으로 받아들인 이유다. 서구에서 프랑스혁명 이후 최초로 등장한 민주공화정의 뿌리가 바로 맹자의 민본주의였던 셈이다.

사자의 용맹, 여우의 지혜

서구 민주주의의 가장 큰 특징은 최고통치권자를 비롯한 위정자를 투표로 선출하는 데 있다. 이는 동양에서 전설상의 요임금이 순임금에게, 순임금이 하나라를 세운 우임금에게 보위를 물려준 것과 닮았다. 단지 투표 대신 덕망을 기준으로 한 것이 다를 뿐이다. 고대에 동양은 많은 인민들이 넓은 지역에 걸쳐 집약적인 농경에 종사한 까닭에 투표를 할 여건이 못 되었다. 더구나 시간이 지나면서 덕망에 의해 돌아가며 보위에 오르는 것조차 불가능하게 되었다.

최초의 고대국가인 은나라가 세워질 당시 사람들이 생각해낸 것이 바로 인격신인 '제帝'와 제를 대신해 인간 세상을 다스리는 '왕王'의 개념이다. 왕은 도끼를 형상화한 상형문자다. 제사와 점복 등을 주관하는 무당인 이른바 정인貞人의 우두머리가 바로 왕이었다. 제의 뜻을 읽고 인간 세상에 그 뜻을 전달하는 게 임무였다. 동양 최초로 신정神政이 출현한 배경이다. 천자天子의 개념은 바로 여기서 나왔다.

인격신인 제가 자연의 이치를 뜻하는 개념으로 바뀐 것은 주나라 때부터다. 당시 제후국에 지나지 않던 주나라는 무력으로 천자의 나라인 은나라를 무너뜨리고 등장했음에도 자신들의 건국을 이른바 천명에 따른 것으로 미화했다. 천덕天德은 불변이나 인덕人德은 끊임없이 노력하지 않는 한 쇠잔해지는 까닭에 천덕과의 괴리를 메우기 위해서는 새로운 유덕자有德者가 나타나 새 왕조를 세운다는 게 천명의 골자다.

이런 천명의 개념은 서구 열강의 침공을 받아 제왕정이 무너지고 공화정이 들어서는 20세기 초까지 지속되었다. 동양의 역사에서 이전 왕조의 마지막 군왕이 예외 없이 폭군으로 매도되고, 새 왕조의 창업주가 하나같이 성군으로 미화된 이유가 여기에 있다.

《춘추좌전》은 백성들의 뜻에 의해 새 왕조를 세우는 창업주나 중흥을 이룰 만한 성군의 의미로 흔히 '민주民主'를 사용했다. 이는 '민지주民之主'의 줄임말로, '백성의 주인이 될 만한 군주'라는 뜻이다. 그런 의미에서 일본 메이지유신 당사자들은 서양의 '데모크라시'를 번역할 때 '민주' 대신 '민치民治'로 번역하는 게 옳았다. 그래야만 동양에서 발달한 '군신공치君臣共治' 개념과 뚜렷이 구별할 수 있었기 때문이다.

서양의 데모크라시를 민주로 번역한 후과는 매우 컸다. 민주와 군주가 상호 대립하는 개념으로 변해버렸기 때문이다. 이는 공화정을 채택하기 이전의 동양의 전 역사를 '봉건정' 내지 '전제정'으로 오인하게 만드는 결정적 배경으로 작용했다. 몽테스키외 · 헤겔 · 마르크스의 영향이 그만큼 컸음을 반증한다. 불행히도 그 후유증은 지금까지 계속되고 있다.

서양의 민주주의는 아테네를 중심으로 한 도시국가 연합에서 시작됐다. 이들은 페르시아 제국과 싸우면서 동방의 군주는 곧 폭군이라는 부정적인 인식을 널리 확산시키며 결속을 다졌다. 이런 인식이 수천 년 동안 이어졌다. 서구의 역사문화만을 떼어놓고 볼 때는 나름 일리가 있다. 문제는 이런 인식이 아편전쟁 이후 강압적으로 주입된 데 있다. 서구 열강은 함포를 앞세워 동양을 침탈하는 과정에서 '백인의 의무' 운운하며 동아시아의 제왕정 역사를 전제정 내지 봉건정으로 몰아붙였다. 침략의 구실을 찾기 위해서다.

여기에 결정적인 역할을 한 인물이 몽테스키외 · 헤겔 · 마르크스 등이었다. 이들은 동아시아가 수천 년에 걸쳐 발전시켜온 왕도와 패도 등의 군신공치의 리더십에 대해서는 전혀 알지 못했고, 알려고도 하지 않았다. 이처럼 제왕에 대한 동서양의 인식 차이는 연원이 깊다. 서양의 역사문화 잣대로 동양의 역사문화를 재단하고자 하는 것 자체가 '학문적 만행'에 가깝다.

일찍이 로마 공화정 시절 전쟁의 영웅으로 부상한 카이사르는 원로원으로부터 '딕타토르dictator'라는 칭호를 받은 바 있다. 독재자를 뜻하는 영어 '딕테이터dictator'의 어원인 딕타토르는 본래 '고독한 결단'을 내리는 사령관을 뜻했다. 이 용어는 카이사르가 공화정을 신봉한 브루투스에게 암살된 뒤 폭군 또는 전제군주의 나쁜 뜻으로 사용되기 시작했다.

동서고금을 막론하고 최종 단계에서 내려지는 최고통치권자의 결단은 고독할 수밖에 없다. 이는 결코 홀로 머리를 짜내는 것을 의미하는 게 아니다. 오히려 정반대다. 천하의 모든 지혜를 한 몸에 지녔을지라도 한 사람의 머리는 한계가 있다. 조조가 평생 천하의 인재를 곁에 두기 노심초사한 것은 바로 이 때문이다. 유비와 손권도 다를 게 없다. 조조가 곽가와 순욱 등의 건의를 좇아 원소와 오환족 등을 제압하고, 유비가 방통과 법정 등의 건의를 좇아 익주와 한중을 취하고, 손권이 주유와 육손 등의 건의를 좇아 적벽대전과 이릉대전을 승리로 이끈 게 좋은 실례다.

정반대로 참모들의 건의를 무시한 채 독선을 행한 경우는 하나같이 패했다. 조조가 적벽대전에서 패하고, 유비가 이릉대전에서 참패를 당하고, 손권이 공손연에게 농락을 당한 것 등이 그렇다. 난세의 시기일수록 뛰어난 참모를 곁에 두고 수시로 자문을 구해야 한다. 자문만 구해서는 안 된다. 좋은 계책이 나오면 과감히 채택해 신속히 집행할 줄 알아야 한다. 원소는 뛰어난 참모를 곁에 두었음에도 이를 제대로 활용하지 못해 패망하고 말았다.

독재는 스스로 판단하고 결단하는 까닭에 해당 사안에 대해 최종적인 책임을 지지 않을 수 없다. 결코 휘하의 참모나 기관장에게 모든 책임을 뒤집어씌워서는 안 된다. 그렇게 하는 것은 자신의 우유부단을 호도하는 것에 지나지 않는다. 위기상황에서 지도자의 우유부단처럼 위험한 것은 없다.

《춘추좌전》에 민주와 독재의 상호관계를 설명해주는 유명한 일화가 나온다. 기원전 6세기 중엽, 공자의 사상적 스승인 정나라 재상 자산子產은 뛰어난 정사로 칭송이 자자했다. 그는 임종 전에 후임자인 유길游吉에게 이같이 당부했다.

"오직 덕이 있는 자만이 관정寬政으로 백성을 복종시킬 수 있소. 그렇지 못한 사람은 맹정猛政으로 다스리느니만 못하오. 무릇 불은 맹렬하기 때문에 백성들이 이를 두려워하므로 불에 타 죽는 사람이 많지 않소. 그러나 물은 유약하기 때문에 백성들이 친근하게 여겨 쉽게 가지고 놀다가 많은 사람이 물에 빠져 죽게 되오. 그래서 관정을 펴기가 매우 어려운 것이오."

자산 사후 유길은 차마 맹정을 펴지 못하고 관정으로 일관했다. 그러자 정나라에서는 도둑이 기승을 부렸다. 유길이 크게 후회했다.

"자산의 말을 들었더라면 이 지경에 이르지는 않았을 것이다!"

그러고는 곧 병사들로 하여금 도둑들을 토벌하도록 했다. 이를 두고 훗날 공자는 이같이 평했다.

> 정치가 관대해지면 백성이 태만해진다. 태만해지면 엄히 다스려 바르게 고쳐놓아야 한다. 정치가 엄하면 백성이 상해를 입게 된다. 상해를 입게 되면 관대함으로 이를 어루만져야 한다. 정치의 요체는 관정으로 백성이 상처입는 것을 막고, 맹정으로 백성들의 태만함을 고쳐 조화를 이루는 데 있다.

난세에는 선량과 관용이 독이 될 수 있다. 독재가 필요한 이유다. 전시 상황에서 사령관이 내리는 진군 명령이 바로 독재의 대표적인 사례에 해당한다. 참모의 건의는 어디까지나 고려사항일 뿐 최종적인 판단은 사령관의 몫이다.

많은 사람들이 독재를 행하는 지도자의 리더십을 마키아벨리즘으로 규정하며 비판하지만 이는 마키아벨리즘을 제대로 이해하지 못한 데서 나온 것이다. 20세기 최고의 지성으로 칭송받는 한나 아렌트는 서양의 역대 사상가 가운데 최고의 인물로 마키아벨리를 꼽은 바 있다. 마키아벨리는 《군주론》에서 군주의 최고 덕목으로 '사자의 용맹과 여우의 지혜'를 역설했다. 이는 부국강병을 통한 공화국의 보전과 이탈리아 반도의 통일을 위한 것이었다.

전국시대 말기에 맹자는 왕도로 천하를 통일할 수 있다고 주장했으나 이는 현실과 동떨어진 것이었다. 진시황은 한비자의 법가사상을 채택해 천하통일을 이루었다. 사마천을 비롯한 후대 사가들은 진나라가 15년 만에 패망한 점을 근거로 맹자의 주장이 옳다고 평가했으나 이는 본말이 뒤바뀐 것이다. 진나라의 급속한 몰락은 기본적으로 진시황의 급서에서 원인을 찾는 게 옳다. 난세의 시기에는 붓 대신 칼을 들어야만 혼란을 막을 수 있다는 것은 역사가 증명하고 있다.

실제로 국공내전 당시 홍군이 장정에 들어가자 장제스는 의기양양한 나머지 맹자의 왕도사상을 고취하는 이른바 '신생활운동'을 적극 추진했다. '인의' 운운하는 구호가 군벌들의 착취로 신음하는 인민들의 처참한 현실과 동떨어진 것이었음은 두말할 나위가 없다. 이때 마오쩌둥은 농민혁명에 기초한 통일전선인 이른바 '신민주주의'를 내세워 농민들의 적극적인 지지를 얻어냈다. 이게 두 사람의 운명을 가르는 결정적인 배경이 되었다. 장제스는 원소, 마오쩌둥은 조조의 노선을 좇은 결과다.

21세기라고 해서 달라지는 것은 없다. 부국강병의 패도와 민주, 인권 등의 왕도는 상호 보완 관계에 있다. 요체는 공자가 역설했듯이 상황에 따라 왕도와 패도를 적절히 혼용해 구사하는 데 있다. 동서고금을 막론하고 뛰어난 인물들은 왕패병용의 리더십을 구사했다. 왕도와 패도를 시종 대립하는 개념으로 이해하면 유연한 리더십을 발휘하기가 불가능해진다. 고금을 막론하고 어떤 주장이나 이념이든 이를 절대화하면 곧 바로 도그마로 변질된다. 그게 바로 독선의 단초가 되는 것이다. 주의할 것은 이런 독선이 반드시 패도의 퇴화된 형태로만 나타나는 게 아니라는 점이다. 난세의 시기에 왕도의 퇴화된 형태로 나타나는 독선은 더 위험할 수 있다.

공자는 민심을 천심으로 해석하고, 묵자는 민의를 천의天意로 간주하고, 노자는 민리民利의 구현을 천도天道로 풀이하고, 한비자는 민정民情에 기초한 통치를 역설하고, 손자는 민식民食을 전쟁 승리의 전제로 내세우고, 사마천은 민생民生을 통치의 관건으로 내세우고, 귀곡자는 민안民安을 책략의 목표로 내세웠다. 제자백가 모두 '민'을 전제로 자신들의 학설을 전개했다. 역대 왕조 모두 예외 없이 백성을 위해 헌신하는 위민爲民을 최고의 목표로 삼은 이유다. 중국의 역사학자 첸무錢穆가 역설했듯이 동아시아에서는 군주 1인의 전제정이 시행된 적이 단 한 번도 없다. 역사 · 문화 배경 자체가 '전제'를 허용하지 않은 결과다. 서구의 많은 학자들이 동양의 제자백가 사상을 하나로 꿰는 '민' 사상에 새삼 주목하는 이유다.

二

한 손엔 공자의 붓, 한 손엔 손자의 칼

· 1 ·

먼저 넉넉하게 해주어라

· **선부후교**先富後教 ·

이익이 있다면 물불을 가리지 마라

흔히 세계의 5대 상인으로 아랍 · 유대 · 화교 · 인도 · 일본의 상인을 꼽는다. 이중 G1인 미국의 경제를 휘어잡고 있는 것은 유대 상인이다. 반면 동남아 일대는 화교 상인이 석권하고 있다. 화교 상인의 대종은 광동 출신의 월상粵商이다. 그러나 역사적으로 보면 월상 이외에도 산서의 진상晉商, 안휘의 휘상徽商, 섬서의 진상秦商, 산동의 노상魯商, 복건의 민상閩商 등 지역별로 무수한 상인 그룹이 있었다. 이들을 상방商幇이라고 불렀다. 이들은 이익이 있는 곳이라면 물불을 가리지 않고 달려갔다. 《묵자》〈귀의〉에 이를 뒷받침하는 구절이 나온다.

> 상인은 사방을 다니며 장사를 한다. 곱절이 남으면 비록 국경의 관문을 통과하는 어려움이 있고 도적들의 약탈 위험이 있을지라도 반드시 장사를 한다.

오늘날 세계에서 상업에 가장 능한 민족이 바로 중국인이다. 이들을 하나로 묶어 화상華商이라고 부른다. 화상의 가장 큰 특징은 이념을 뜻하는 홍紅에 얽매이지 않고 실용을 뜻하는 전專에 충실하다는 점이다. 이른바 이견은 이견대로 두고 이해가 일치하는 부분에서 상호 협력한다는 의미의 구동존이求同存異가 이를 상징한다. 2011년 초에 이뤄진 미·중 정상회담에서 오바마와 후진타오는 위안화 절상과 무역 불균형 해소 등에 합의점을 찾지 못했음에도 구동존이를 약속했다. 화상의 상술을 국가 간 통상 협상에 그대로 적용한 대표적인 사례에 해당한다.

중국은 이미 1997년에 홍콩을 반환받을 때부터 구동존이의 협상을 전개해왔다. 일국양제一國兩制(한 나라 두 체제)가 그것이다. 2010년 12월에 이뤄진 중국과 대만 간의 '대3통大三通'도 같은 맥락이다. 통상通商, 해운 항공의 통항通航, 우편 교류의 통우通郵 등 3개 분야에 관한 대3통 합의는 장차 중국과 대만이라는 두 국가공동체를 하나의 경제권으로 묶는 역할을 할 것이다. 홍콩을 반환받았을 때 써먹은 일국양제가 13년 만에 다시 진가를 발휘한 셈이다.

원래 3통은 1980년대부터 추진되었다. 당시는 명절에 특별 전세기를 운항하는 식의 '소3통' 수준에 그쳤다. 그러던 것이 중국과의 협력 강화로 경제를 회복시키겠다고 선언해 당선된 마잉주(馬英九) 정권의 출범 이후 전면적인 3통을 의미하는 대3통으로 발전했다. 이들의 대3통 합의는 이익이 있으면 물불을 가리지 않고 달려가는 화상의 진면목을 잘 보여준다.

중국의 역대 화상 중 가장 막강한 힘을 발휘했던 상방은 소금을 취급한 산서성의 진상과 문구류 등을 많이 취급한 안휘성의 휘상이었다. 휘상이 극성할 당시 안휘성 남성의 70퍼센트가 상업에 종사했다고 한다. 이들은 공부하며 사업을 하는 유상이었다는 점에서 다른 지역의 상방과 구분된다. 향리에 많은 서원을 지어 학문을 뒷받침한 덕분에 주희 등 대유학자가 배출되었다. 근현대사를 화려하게 수놓은 이홍장李鴻章·호적胡適·진독수陳獨秀 등이 모두 안휘성 출신인 것도 결코 우연이 아니다. 중국 내 유대인으로 불리는 객가客家도 뛰어난 상술을 자랑한다. 손문과 덩샤오핑을 비롯해 싱가포르의 국부 리콴유(李光耀), 아시아 최고의 재벌인 홍콩의 리카싱(李嘉誠) 등이 모두 객가에 속한다.

큰 틀에서 볼 때 이들은 최초의 상가인 관중의 사상을 충실히 이어받았다고 할 수 있다. 관중의 사상은 부민부국富民富國으로 요약된다. 출발점은 부민이다.《관자》〈치국〉에 이를 뒷받침하는 구절이 나온다.

> 무릇 치국의 길은 무엇보다 우선 백성을 잘살게 하는 데 있다.

《논어》〈자로〉에도 이와 유사한 내용이 나온다. 공자가 14년에 걸친 천하유세를 떠날 당시 먼저 위衛나라로 향했다. 제자 염유冉有가 수레를 몰았다. 공자가 염유에게 말했다.

"백성이 많기도 하구나!"

염유가 이 말을 받아 질문했다.

"이미 백성이 많으면 또 무엇을 더해야 합니까?"

공자가 대답했다.

"부유하게 해주어야 한다."

염유가 재차 물었다.

"이미 부유해졌으면 또 무엇을 더해야 합니까?"

공자가 대답했다.

"가르쳐야만 한다!"

공자사상을 관통하는 키워드인 '선부후교先富後教'가 여기서 나왔다. 공자는 군자의 육성을 위한 대전제로 백성을 가르치는 교민教民의 중요성을 역설했지만 이는 부민이 전제된 것이었다. 부민이 전제되지 않은 교민은 결코 실효를 거둘 수 없다는 게 그의 확고한 생각이었다. 이는 관중의 부민부국 사상과 궤를 같이한다.《관자》〈목민〉의 해당 대목이다.

> 나라에 재물이 많고 풍성하면 먼 곳에 사는 사람도 찾아오고, 땅이 모두 개간되면 백성이 안정된 생업에 종사하며 머물 곳을 찾게 된다. 창고가 가득 차야 백성들이 예절을 알고, 의식衣食이 족해야 영욕榮辱을 알게 된다.

여기서 예절은 곧 예의염치를 말한다. 나라를 온전하게 하는 요체는 예의염치를 아는 지례知禮에 있고, 지례의 핵심은 창고를 채우는 실창實倉에 있다고 주장한 것이다. 이는 문화대국을 상징하는 예치의 성패가 바로 부국강병의 대전제인 부민의 달성 여부에 달려 있다는 확신에서 나온 것이다.

믿음보다 식량

관중은 국가를 부강하게 하기 위해서는 백성을 고루 살찌우는 게 우선돼야 한다고 생각했다. 작은 나라일지라도 왕도를 베풀면 능히 평천하에 이를 수 있다고 주장한 맹자와 극명히 대비된다.

관중은 패업을 이루기 위한 전 단계로 부국강병 정책을 시행하면서 부민을 효과적으로 이루기 위해 사치 억제 정책을 병행했다. 지배층의 자기절제가 우선돼야 백성들이 좇아온다고 판단한 결과다. 《관자》 〈팔관〉의 다음 대목이 이를 뒷받침한다.

> 나라를 다스리는 데 사치하면 국고를 낭비하게 되어 인민이 가난하게 된다. 인민이 가난해지면 간사한 꾀를 내어 나라를 어지럽히게 된다.

관중은 이를 막기 위해서는 재화가 고르게 분배돼야 한다고 역설했다. 이를 통해 관중이 제시한 '족식足食→지례' 도식은 공자가 언급한

'선부→ 후교' 도식과 같음을 알 수 있다. 이는 공자가 관중의 부민부국 사상을 그대로 수용했을 가능성을 시사한다. 실제로 관중이 〈목민〉에서 창고 운운한 것은 공자가 〈자로〉에서 선부후교를 역설한 취지와 정확히 맞아떨어진다.

동양에서는 오랫동안 관원들이 부민의 주역을 맡아왔다. 그들은 교민에 앞서 솔선수범하여 백성들에게 농사를 권하고, 흉년이 들면 관곡을 이용해 굶주린 백성을 구휼하는 부민을 최우선 과제로 삼았다. 그들을 목민관牧民官으로 칭한 이유다. 제왕은 목민관의 수장에 해당한다. 군왕이 손수 모를 심는 적전 의식을 거행하고, 수라에 전국에서 거둬들인 곡물로 만든 음식을 올리도록 한 것 역시 부민의 취지를 잊지 않기 위한 배려에서 나온 것이다. 그럼에도 적잖은 사람들이 '족식→지례' 도식의 취지를 제대로 이해하지 못하고 관중과 공자의 입장이 다른 것으로 오해한다. 이는 《논어》〈안연〉에 나오는 다음 일화에 대한 오해에서 비롯한 것이다.

하루는 자공이 정치에 대해 묻자 공자가 이같이 대답했다.

"족식과 족병, 민신이 이뤄져야 한다."

"만일 부득이하여 반드시 하나를 버리기로 한다면 세 가지 중에서 무엇을 먼저 버려야 합니까?"

"거병去兵해야 할 것이다."

"만일 부득이하여 반드시 하나를 버리기로 한다면 나머지 두 가지 중에서 무엇을 먼저 버려야 합니까?"

"거식去食해야 할 것이다. 자고로 먹지 못하면 죽을 수밖에 없으나 사람은 누구나 죽기 마련이다. 그러나 민신이 없으면 나라가 설 수조차 없게 된다."

거병과 거식은 경제 및 군사의 축소를 의미한다. 《논어》에서 이 대목만큼 오랫동안 세인들의 오해를 불러일으킨 대목도 드물다. 공자는 이 대목에서 나라를 지키기 위한 강병과 이를 뒷받침할 부국을 강조했다. 그럼에도 주자학자들은 이를 무시한 채 마지막에 나오는 구절을 확대 해석해 공자가 마치 맹자의 왕도와 똑같은 주장을 펼친 것으로 풀이했다. 이 대목에서 공자가 민신을 거론한 것은 국가 패망의 위기에 직면했을 경우 군주가 솔선수범하는 자세를 보여야만 그런 위기상황을 벗어날 수 있다는 점을 역설하기 위한 것이다.

《관자》 〈목민〉의 '족식→지례'와 《논어》 〈안연〉의 '거병→거식→민신'이 사실상 같은 얘기를 다르게 설명한 것이라는 사실을 최초로 규명한 사람은 명대 말기의 기인 이탁오李卓吳다. 그는 명저 《분서焚書》의 〈잡술 · 병식론兵食論〉에서 이같이 갈파했다.

> 무릇 윗사람이 되어 백성이 배불리 먹고 안전하게 살 수 있도록 지켜주기만 하면 백성도 그를 믿고 따르며, 부득이한 상황에 이르러서도 차라리 죽을지언정 윗사람 곁을 떠나지 않을 것이다. 이는 평소 윗사람이 그들의 안전과 식량을 충분히 제공해주었기 때문이다.
>
> 공자가 〈안연〉에서 거병과 거식을 거론한 것은 실제로 군사와 식량을 버리게 하려는 의도가 아니다. 이는 어쩔 수 없는 위기상황을 전제로 한 것이다. 어쩔 수 없는 위기상황에서 비롯된 것이라면 백성들도

거병과 거식의 부득이한 상황을 감내하면서 윗사람을 불신하는 지경까지는 이르지 않게 된다. 그래서 마지막에 민신을 언급한 것이다. 그럼에도 어리석은 유자들은 이와 정반대로 '믿음이 무기나 식량보다 더 중요하다'고 지껄인다. 이는 성인이 하신 말씀의 참뜻을 제대로 파악치 못한 소치다.

이탁오는《관자》〈목민〉의 족식→지례 도식이 공자가 〈자로〉에서 말한 선부→후교는 물론 〈안연〉에서 언급한 족식→족병→민신 도식과 완전히 일치함을 밝혀낸 최초의 인물이다. 성리학자들이 '믿음이 무기나 식량보다 더 중요하다'는 식으로 곡해한 거병→거식→민신 도식은 국가 패망 등의 특수한 위기상황을 전제로 한 반대 해석임을 밝혀낸 것은 탁견이다. 이를 통해 부민부국을 역설한 관중의 경제경영 사상과 선부후교를 강조한 공자의 치국평천하 사상이 완전히 일치함을 알 수 있다.

조화로운 세상을 위하여

고금의 역사를 볼지라도 막강한 무력은 반드시 튼튼한 경제적 기반 위에서만 가능하고, 생명과 재산을 보호하는 국가안전이 보장되어야만 국민이 안심하고 생업에 종사할 수 있고, 그래야 궁극적으로 정부도 국민의 신뢰를 얻게 된다. 이는 둥근 고리처럼 서로 맞물려 있는 사안인 까닭에 어느 한 쪽이 무너지면 다른 쪽도 심대한 타격을 받을 수밖에 없다. 아무리 고상하고 거창한 정치 구호를 내세울지라도 국민들의 먹는 문제가 해결되지 않는 한 공허할 수밖에 없고 국민 모두 인간으로서의 최소한의 예도 갖추기 어려운 법이다. 그렇게 되면 아예 국가 존립이 불투명해진다. 문화대혁명이 참담한 실패로 끝난 것은 공자의 선부후교 가르침과 정반대되는 선교후부의 노선을 취한 데 있다.

그런 점에서 흑묘백묘黑猫白猫로 요약되는 덩샤오핑의 개혁개방은 바로 선부후교로의 복귀를 선언한 것이나 다름없다. 당시 중국이 선부후교로 선회하지 않았다면 이내 내란으로 치달아 극심한 혼란을 거듭하다가 열강에 의해 과분瓜分되었을지도 모른다. 실제로 1980년대 초기만 해도 서방에서는 중국의 앞날을 이같이 전망하는 견해가 주류를 이뤘다. 2010년까지도 중국 경제가 이내 무너져 극심한 혼란을 겪을 것이라는 전망이 나돌았다.

그러나 중국은 지금 초고속 성장 가도를 달리고 있다. 이는 말할 것도 없이 덩샤오핑의 선부후교 복귀 선언에 따른 결과다. 관중과 공자사상의 위대함을 반증하는 대목이다. 실제로 두 사람의 사상은 프롤레타리아의 공영을 기치로 내건 공산주의 사상과도 부합하는 면이 있다. 부민뿐만 아니라 모든 백성이 고루 잘사는 균부를 역설한 게 그 증거다. 관중은 일찍이 땅과 노동력의 균등한 분배와 전 인민에게 재화를 고르게 나눠줄 것을 역설했다. 《관자》 〈치미〉의 해당 대목이다.

> 지나치게 부유하면 부릴 수가 없고 지나치게 가난하면 염치를 모르게 된다.

관중은 빈부 격차가 적어야만 통치가 제대로 이뤄질 수 있다고 지적했다. 공자도《논어》〈계씨〉에서 균부를 정치의 요체로 내세웠다.

> 나라를 소유한 제후와 저택을 보유한 경대부는 재물이 적은 것을 근심하지 않고 고르지 못한 것을 걱정하며, 가난한 것을 근심하지 않고 편안치 못한 것을 근심한다고 했다. 대개 고르면 가난해지는 일이 없고, 조화를 이루면 적어지는 일이 없고, 편안하면 기울어지는 일이 없다.

재화의 균배가 중요한 과제로 남아 있는 오늘날의 관점에서 보더라도 관중과 공자의 이런 주장은 탁견이다. 관중이 족식을 통한 예의염치의 지례를 역설한 것은 공자의 선부후교 주장과 완전히 일치한다는 점에서 공자는 관중의 사상적 후계자로 볼 수 있다. 일찍이 관중은 공자가 말한 선부후교의 후교를 예의염치로 요약했다. 이를 소위 4유四維라고 한다. 나라를 굳건하게 버티게 만드는 네 가지 밧줄이라는 뜻이다. 그는《관자》〈목민〉에서 4유를 다음과 같이 설명해놓았다.

> 나라에 4유가 있다. 그중 한 가지가 끊어지면 나라가 기울고, 두 가지가 끊어지면 나라가 위태로워지고, 세 가지가 끊어지면 나라가 뒤집어지고, 네 가지가 모두 끊어지면 멸망한다. 기우는 것은 가히 바로잡을 수 있고, 위태로운 것은 가히 안정시킬 수 있고, 뒤집어지는 것은 가히 일으킬 수 있다. 그러나 멸망한 것은 다시 일으켜 세울 수 없다. 무엇을 4유라고 하는가? 첫째 예, 둘째 의, 셋째 염, 넷째 치를 말한

다. 예는 절도를 넘지 않는 것이고, 의는 수단과 방법을 가리지 않고 벼슬을 멀리하는 것이고, 염은 잘못을 은폐하지 않는 것이고, 치는 그릇된 것을 따르지 않는 것을 말한다. 예를 좇으면 윗사람의 자리가 평안하고, 의를 좇으면 백성에게 교활함과 속임이 없게 되고, 염을 좇으면 행실이 저절로 온전해지고, 치를 좇으면 사악한 일이 일어나지 않는다.

예의염치처럼 문화대국의 비전을 잘 요약해놓은 것도 없다. 예의염치를 안다는 것은 문화가 꽃을 피웠다는 뜻이고, 문화가 만개했다는 것은 곧 학문과 예술이 절정에 달했다는 의미다. 〈목민〉의 족식→지례 도식을 포함해 〈안연〉의 족식→족병→민신 도식과 이를 뒤집어 해석한 거병→거식→민신 도식 모두 예의염치의 문화대국을 이루기 위한 선부후교의 방법론에 지나지 않는다. 많은 사람들이 관중과 공자의 선부후교 사상을 간과한다. 이는 큰 잘못이다. 수신제가를 지나치게 강조한 나머지 본령에 해당하는 치국평천하를 소홀히 한 성리학의 폐단이라 하겠다.

· 2 ·

싸우지 말고 굴복시켜라

· **부전굴인**不戰屈人 ·

부득이할 때 움직여라

조조는 당대 최고의 병법가이자 법가사상가로 행보하며 삼국시대를 마무리 짓는 기틀을 닦았다. 그의 병도의 기본 이치는 평소에는 무기를 거둬들였다가 부득이할 때 사용한다는 뜻의 '집이시동戢而時動'이다.《손자병법》을 새롭게 편제한《손자약해》를 펴내면서 그는 서문에서 편제 취지를 밝혔다.《손자병법》을 관통하는 기본 이념이 집이시동임을 강조한다. 관련 대목이다.

《논어》〈안연〉에서 확고한 군비를 뜻하는 족병을 얘기하고, 《상서》〈홍범〉에서 8정八政을 예로 들며 군사 문제를 언급한 바 있다. 예부터 칼의 힘에만 의지하는 시무자恃武者도 패망했고, 붓의 힘에만 의지하는 시문자恃文者도 패망했다. 성인의 용병은 평소 무기를 거두었다가 필요한 때에만 움직이는 집이시동이었다. 내가 수많은 병서와 전략 등을 두루 살펴보았으나 오직 이런 이치를 담은 손무의 《손자병법》만이 가장 심오하다. 후대로 오면서 여러 사람이 장황한 설명과 함께 임의로 개작한 번잡한 글을 덧붙여 세상에 퍼뜨린 후에는 근본 취지와 핵심마저 잃고 말았다. 내가 뒤늦게 간략한 풀이를 덧붙인 《손자약해》를 펴낸 이유다.

집이시동은 《도덕경》이 역설한 부득이용병과 맥을 같이한다. 《도덕경》 제32장의 해당 대목이다.

병기는 상서롭지 못한 기물로, 군자가 사용하는 기물이 아니다. 부득이할 때 용병해야 한다. 용병은 담백한 마음을 높이 친다. 이겨도 이를 좋게 여기지 않는 이유다. 이를 좋게 여기는 자는 살인을 즐기는 자다. 무릇 살인을 즐기는 자는 천하에 뜻을 얻을 길이 없다.

조조가 《도덕경》을 얼마나 깊이 탐사했는지를 방증한다. 고금을 막론하고 난세에 무력에만 의존하는 '시무자'와 덕치로 일관하는 '시문자' 모두 패망한다. 조조가 집이시동을 역설한 이유다. 부득이용병과 집이시동을 뒤집어 해석하면 최후의 수단인 전쟁을 택하기 전에 더 나은 방안을 강구하라고 주문한 것이나 다름없다. 그게 바로 집이시동의 병도兵道다. 시중에 《손자병법》 관련서가 많이 나와 있음에도 집이시동의 관점에서 접근한 책은 거의 전무하다.

그렇다고 《손자병법》이 세상을 '만인의 만인에 대한 투쟁'으로 파악한 것은 아니다. 난세가 극에 달하면 치세를 향한 열망이 더욱 높아지고, 치세가 극에 달하면 난세의 어두운 그림자가 엄습한다는 사실을 통찰하고 있다. 첫머리에 집이시동을 언급한 이유다. 집이시동 정신은 《논어》에도 그대로 관철되고 있다. 《논어》 〈자로〉의 해당 구절이다.

> 덕이 있는 사람이 백성을 7년 동안 군사 교육과 훈련을 시킨 뒤에는 전쟁에 내보낼 수 있다. 군사 교육과 훈련을 실시하지 않은 채 백성을 전쟁에 내보내면 이를 일컬어 백성을 버리는 기민棄民이라고 한다.

공자는 군사 훈련을 철저히 받은 백성만을 전쟁에 내보낼 수 있다는 이른바 '교전즉융教戰卽戎'을 역설한다. 훗날 주희는 교전을 두고 부모에게 효도하고 나라에 충성하는 효제충신孝悌忠信, 농사에 힘쓰고 무예를 연마하는 무농강무務農講武를 동시에 가르치는 것으로 풀이했다. '7년'과 관련해 송대 정이천程伊川은 '성인이 그 정도의 시간이면 가할 것이라고 여겼기 때문'이라고 풀이했다. 공자의 애민사상을 나름 적절히 풀이한 셈이다. 그러나 보다 정확한 해석은 제갈량이 쓴 것으로 알려진 또 다른 병서 《장원將苑》에 나온다. 《장원》 〈습련習練〉은 교전즉융을 이같이 풀이해놓았다. 여기서의 '습련'은 군사 교육과 훈련을 말한다.

군대가 교육과 훈련을 실시하지 않으면 실전에서 병사 100명이 적군 한 명을 당할 수 없다. 교육과 훈련을 거치면 한 명이 적군 100명을 당할 수 있다. 공자는《논어》〈자로〉에서 말하기를 '군사 교육과 훈련을 실시하지 않은 채 백성을 전쟁에 내보내면 이를 일컬어 백성을 버리는 기민이라고 한다'고 했다. 또 말하기를 '덕이 있는 사람이 백성을 7년 동안 군사교육과 훈련을 시킨 뒤에는 전쟁에 내보낼 수 있다' 고 했다.

백성을 전쟁에 동원하는 한 반드시 군사 교육과 훈련을 실시하지 않을 수 없다. 예의로 가르치고, 충신忠信으로 깨우치고, 형법으로 훈계하고, 상벌로 군의 위엄을 세우는 이유다. 병사들은 이런 교육과 훈련을 통해 비로소 전쟁의 이치를 깨달을 수 있다.

백성이 군사 교육을 습득하면 다음과 같은 전술을 가르친다. 군진의 분합分合, 병사의 전투 태세인 좌세坐勢와 기세起勢, 행군의 진행과 정지, 진격과 퇴각, 편대編隊의 분합, 병사의 산개散開와 집합集合 등이 그것이다. 군사 훈련은 한 명이 10명, 10명이 100명, 100명이 1,000명, 1,000명이 1만 명, 1만 명이 3군에 대해 차례로 실시할 수 있다. 이러한 군사 교육과 훈련을 거친 뒤라야 가히 적과 싸워 이길 수 있다.

《장원》은 병사들이 교육과 훈련을 통해 비로소 전쟁의 이치를 깨달을 수 있다고 풀이한 셈이다. 집이시동의 취지와 같다. 백성에 대한 충분한 군사 교육과 훈련을 역설한 점에서 〈습련〉의 내용은 7년간의 훈련을 주장한《논어》〈자로〉 및 장병들이 서로 가르치며 배우는 이른바 학전學戰을 역설한《오자병법》〈치병〉과 취지를 같이한다. 이를 통해 알 수 있듯이 집이시동은 도가, 유가, 법가, 상가 등 제자백가 사상을 관통하는 핵심어다. 노자의 무위지치를 최상의 통치로 간주한 결과다.

맹자는 이익 앞에서 배신을 일삼는 자들이 횡행할 경우 군신君臣은 물론 부자父子 사이에도 끝내 야만적인 '만인의 만인에 대한 투쟁'이 빚어질 수밖에 없다고 경고했다.《맹자》의 첫 편인 〈양혜왕 상〉의 첫 대목에 이런 일화가 나온다.

하루는 맹자가 양혜왕梁惠王을 만났다. 양나라는 원래 위魏나라를 말한다. 진秦나라에 패해 지금의 하남성 개봉인 대량大梁으로 도읍을 옮긴 까닭에 이후 양나라로 불렸다.《사기》는 '양혜왕 35년에 자신의 예를 낮추고 폐백을 후하게 하여 현자를 초청하자 맹자가 대량에 이르렀다'고 기록해놓았다. 당시 양혜왕은 맹자가 멀리 대량까지 찾아오자 크게 기뻐하며 이같이 물었다.

"노인장께서 불원천리不遠千里하여 찾아왔으니 장차 이 나라를 이롭게 해주려는 것이오?"

맹자가 힐난했다.

"대왕은 하필 이익을 말하는 것입니까. 오직 인의가 있을 뿐입니다. 만일 대왕이 말하기를 '어떻게 해야 이 나라를 이롭게 할 것인가'라고 하면 대부는 말하기를 '어떻게 해야 내 집안을 이롭게 할 것인가'라고 하고, 선비와 서인은 말하기를 '어떻게 해야 내 몸을 이롭게 할 것인가'라고 할 것입니다. 상하가 모두 각기 제 이익만을 추구하면 나라는 위기에 처할 것입니다. 만 승乘의 나라에서 군주를 죽이는 자가 있으면 그

것은 필시 천 승의 제후일 것이고, 천 승의 나라에서 군주를 죽이는 자가 있으면 그것은 필시 백 승의 대부일 것입니다. 만 승의 영지에서 10분의 1을 쪼개 천 승의 제후에게 주고, 천 승의 제후 영지에서 10분의 1을 쪼개 백 승의 대부에게 녹봉으로 내리니 결코 적다고 할 수 없습니다. 그런데도 실로 의를 뒤로하고 이익을 앞세우면 더 많은 것을 빼앗지 않고는 만족해하지 않을 것입니다. 사람이 어진데도 자신의 어버이를 버리거나, 의로운데도 자신의 군주를 뒤로 미루는 자는 없습니다. 대왕 또한 인의를 말해야만 하는데도 어찌하여 이익을 말하는 것입니까?"

원래 승乘은 수레의 수효를 말하는 단위로, 만 승은 천자, 천 승은 제후, 백 승은 제후의 신하인 대부를 지칭한다. 이 대목은《사기》〈맹자열전〉에도 나온다. 사마천은 맹자가 말한 이른바 '하필왈리何必曰利'에 크게 공명해 이런 찬贊을 덧붙여놓았다.

> 나는《맹자》를 읽다가 양혜왕이 '어떻게 해야 이 나라를 이롭게 할 것인가'라고 물은 대목에 이르러 일찍이 책을 덮고 탄식하지 않은 적이 없었다. 아, 이익은 실로 변란의 시초다! 공자는 이익을 드물게 말해 항상 난의 근원을 막았다. 그래서 말하기를 '이익에 따라 행동하면 원망이 많다'고 한 것이다. 천자로부터 서인에 이르기까지 이익을 좋아하는 폐단이 어찌 다르겠는가!

《사기》〈맹자열전〉은 말할 것도 없이《맹자》의 내용을 토대로 한 것이다. 훗날 주희는 이 대목을 두고 이같이 풀이했다.

> 인의는 인심의 고유한 것에서 근원한 까닭에 천리지공天理之公이고, 이욕을 추구하는 이심利心은 남과 내가 서로 다투는 데서 생겨난 까닭에 인욕지사人欲之私다. 천리를 따르면 이익을 구하지 않아도 절로 이롭지 않음이 없고, 인욕을 따르면 이익을 구해도 얻지 못하고 해가 이미 따르게 되는 것을 말한 것이다.

주희는 호리지성好利之性을 '이심' 내지 '인욕지사'로 표현한 셈이다. 당초 맹자는 인의예지의 4단端을 논의했으나 이를 '인욕'에 대립하는 '천리' 개념으로 파악한 것은 아니다. 맹자의 4단은 성선설의 인성론에 입각한 것으로 주희가 말하는 식의 우주론적 개념인 천리와는 차이가 있다. 그럼에도 맹자의 4단설이 주자학의 핵심 이론인 천리인욕설의 기초가 되었다는 점에서 볼 때 주희의 해석은 나름 맹자와 유사한 입장에 서 있다고 볼 수 있다.

맹자가 활약한 시기는 전국시대 말기다. 혼란이 극심한 난세의 전형에 해당한다. 이런 시기에 인의를 통해 천하를 통일할 수 있다는 식의 왕도를 역설한 것은 지극히 비현실적이다. 그럼에도 맹자의 주장은 나름 일정한 호소력을 지닌다. 속히 전쟁을 종식시키고 안심하고 생업에 종사하고자 하는 천하인의 여망을 담고 있기 때문이다. 이는 《손자병법》이 역설한 집이시동 정신과 통하는 것이다.

감동 지략

고금을 막론하고 집이시동 정신을 망각하면 사소한 싸움이 이내 진흙밭의 개싸움인 이전투구로 비화할 소지가 크다. 이는 그 누구도 바라지 않는 것이다.《손자병법》〈모공〉이 싸우지 않고도 적을 굴복시키는 부전굴인不戰屈人을 역설한 이유가 여기에 있다.

> 백 번 싸워 백 번 이기는 백전백승은 결코 최상의 계책이 될 수 없다. 부전굴인이야말로 최상의 계책에 해당한다. 전쟁에서 최상의 용병 계책은 지략으로 적을 굴복시키는 것이고, 차선의 계책은 외교 수단으로 적을 굴복시키는 것이고, 차차선의 계책은 무력으로 적을 굴복시키는 것이고, 최하의 계책은 적의 성을 직접 공격하는 것이다.

〈모공〉은 부득이 싸움을 하게 될 경우에 구사하는 가장 높은 수준의 전술에서 가장 낮은 수준의 전술까지 단계별로 언급해놓았다. 최상의 병법은 계책을 써서 적을 제압하는 이른바 벌모伐謀다. 부전굴인을 달리 표현한 것이다. 차선은 벌교伐交다. 적을 고립시켜 이내 항복하게 만드는 것을 말한다. 차차선은 벌병伐兵이다. 무력을 동원해 굴복시키는 것을 뜻한다. 최하책은 공성攻城이다. 적의 도성을 포위 공격하는 식의 직접적인 타격을 의미한다.

《손자병법》은 더 이상 구체적인 언급을 하지 않았으나 공성보다 한 단계 낮은 최하 수준의 전쟁은 이전투구다. 이익을 좇아 배신을 일삼는 조폭의 세계가 이에 해당한다. 인간의 호리지성이 가장 극악한 형태로 나타난 경우다. 조조는 〈모공〉이 언급한 벌모 · 벌교 · 벌병 · 공성 등을 두고 이같이 풀이했다.

최상의 병법인 벌모는 싸우기 전에 적이 스스로 무릎을 꿇게 만드는 것을 말한다. 벌교는 적이 동맹국과 합세해 감히 도모하는 것을 말한다. 벌병은 상호 대치의 국면이 만들어졌을 때 우세한 형세가 조성된 이후에만 병력을 움직이는 것을 말한다. 공성은 밖에서 식량을 가져다 성 안에 비축해놓고 농성전에 들어갔을 때 공격하는 것으로 병력과 재원을 낭비하는 최하의 방책에 해당한다.

최상의 병법인 벌모에서 최하의 병법인 공성에 이르기까지 따지고 보면 모두 큰 공을 세워 입신양명하고자 하는 호명지심好名之心에서 비롯한 것이다. 조조의 둘째 아들인 위문제 조비曹丕는 〈여왕랑서與王郎書〉에서 '오직 공을 세워 양명하는 게 영원히 살아남는 길이고, 그다음은 명저를 남기는 일이다'라고 역설한 바 있다.

한비자는 인간의 호명지심이 호리지성 못지않게 강렬하다는 사실을 통찰한 인물이다. 《한비자》〈공명〉에 이를 뒷받침하는 대목이 나온다.

명군이 공명을 떨치는 방법은 크게 네 가지다. 첫째 천시天時, 둘째 인심人心, 셋째 기능技能, 넷째 세위勢位다. 천시를 어기면 비록 요임금이 열 명 있을지라도 겨울에 벼 한 포기 살릴 수 없고, 인심을 거스르면 비록 천하제일의 용맹한 장수일지라도 사람들로 하여금 힘을 다하게 할 수 없다. 천시를 얻으면 힘쓰지 않아도 저절로 자라고, 인심을 얻으면 재촉하지 않아도 저절로 부지런히 일한다. 기술과 능력을 이용하면 서두르지 않아도 저절로 신속하게 되고, 권세와 지위를 얻으면 나아가지 않아도 저절로 명성을 이룬다. 마치 물이 흘러가고, 배가 뜨는 것과 같다. 천지자연의 도를 지키는 가운데 무궁한 명령이 저절로 행해진다. 명군이 공명을 이루는 이유다.

개인이 간여할 수 없는 천시를 제외할 경우 군주가 공명을 이룰 수 있는 방안으로 한비자가 제시한 것은 크게 인심과 기능, 세위다. 사람의 마음을 얻어 복종하게 만드는 심복지계心服之計, 먼저 내주어 나중에 더 크게 취하는 취여지계取予之計, 보유한 권력과 위세를 이용하는 위권지계威權之計가 바로 그것이다. 권력을 바라는 자에게는 위권지계를, 이익을 밝히는 자에게는 취여지계를, 명예를 탐하는 자에게는 심복지계를 구사할 필요가 있다.

심복지계는 마음속으로 크게 기뻐하며 성심을 다해 복종한다는 심열성복心悅誠服의 줄임말이다. 예나 지금이나 사람을 자발적으로 움직이게 만드는 데는 감동만큼 좋은 방안이 없다. 벌모의 여러 방안 가운데 최상의 방안에 해당한다. 사서를 보면 종교지도자 내지 강한 신념을 지닌 사상가 및 혁명가 가운데 심복지계를 활용해 성공을 거둔 인물이 매우 많다.

심복지계를 잘 활용한 대표적인 인물이 유비다. 유비는 명예를 중시하는 인간의 호명지심을 적극 활용해 부하들의 충성을 얻어냈다. 이익을 중시하는 인간의 호리지성을 적극 활용한 조조와 대비된다. 조조가 형주를 점령할 당시 조운趙雲이 적진 속에서 유비의 외아들 유선劉禪을 품에 안고 돌아오자 유비가 문득 유선을 땅바닥에 내던지며 이렇게 말한다.

"못난 자식 때문에 나의 훌륭한 장수를 잃을 뻔했다!"

이 말을 들은 조운과 병사들은 뜨거운 눈물을 흘리며 충성을 다짐했다. 유비는 일점혈육인 유선을 내던지는 과장된 몸짓을 통해 처자식과 아끼는 장수를 버려둔 채 도주했다는 비난을 벗음은 물론 부하 장수를 아끼는 관인한 군주로 각인된 셈이다. 천하를 거머쥐려면 최소한 이런 수준의 전략적인 면모는 지녀야 한다. 고금을 막론하고 사람을 감동시키는 것보다 더 나은 계책은 없다.

5미를 높이고 4악을 물리쳐라

공자는《논어》에서 부전굴인을 치국평천하의 관점에서 논한다. 다섯 가지 미행美行과 네 가지 악행惡行을 뜻하는 이른바 5미 4악伍美四惡이 그것이다.《논어》〈요왈〉에 나오는 일화에 따르면 하루는 자장子張이 스승인 공자에게 물었다.

"어떻게 해야 제대로 정치를 할 수 있습니까?"

공자가 대답했다.

"5미를 높이고 4악을 물리치면 가히 정치에 종사할 수 있을 것이다."

자장이 물었다.

"5미란 무엇입니까?"

공자가 설명했다.

"첫째, 군자는 백성에게 은혜로우면서 민력을 헛되이 낭비하지 않아야 한다(惠而不費). 둘째, 백성들을 동원하면서 원망을 듣지 않아야 한다(勞而不怨). 셋째, 자신이 의도하는 바를 행하면서 탐욕을 부리지 않아야 한다(欲而不貪). 넷째, 매사에 태연한 모습을 보이면서 교만하지 않아야 한다(泰而不驕). 다섯째, 사람을 대할 때 위엄이 있으면서 사납지 않아야 한다(威而不猛)."

자장이 다시 물었다.

"구체적으로 말씀해주십시오."

공자가 설명했다.

"각기 그 이로운 것으로써 그들 모두를 이롭게 해주면 이것이 은혜로우면서도 허비하지 않는 게 아니겠는가? 때를 가려 백성을 동원하니 그 누가 원망할 리 있겠는가? 군자는 스스로 인仁을 행하고자 하여 인을 얻는 것이니 더 이상 무엇을 탐하겠는가? 사람들은 많고 큰 것을 공경하고 적고 작은 것을 소홀히 여기나 군자는 과소를 괘념치 않으니 이 또한 태연하면서도 교만하지 않은 게 아니겠는가? 의관을 바르게 하고 시선을 높게 하여 엄연한 자세를 보임으로써 사람들이 우러러보며 두려워하도록 만드니 이 또한 위엄스러우면서도 사납지 않은 게 아니겠는가?"

'각기 그 이로운 것' 운운은 산에 사는 백성에게는 금수禽獸로, 바닷가에 사는 백성에게는 어염魚鹽으로, 들에 사는 백성에게는 오곡伍穀으로 이익을 취하도록 하는 것을 말한다. 안심하고 생업에 종사하도록 여건을 조성해야 한다는 취지다. 자장이 물었다.

"그렇다면 4악이란 무엇입니까?"

공자가 대답했다.

"교령을 포고할 때 백성에게 충분히 주지시킨 뒤 위반자를 주벌해야 하는데도 그런 과정을 생략한 채 위반자를 죽이는(不教而殺) 것을 학정虐政, 충분히 경계토록 만들지도 않은 채 백성들을 다그쳐 눈앞의 목표를 성사시키고자 하는(不戒視成) 것을 폭정暴政, 백성의 신뢰도 얻지도 못한 채 헛되이 기일을 정해놓고 이를 어긴 자에게 벌을 내리는(慢令致期) 것을 적賊, 당연히 남에게 베풀어야 할 것을 두고 출납에 인색하게 굴며 관원이 해야 할 일을 군주 자신이 직접 나서서 행하는(出納之吝) 것을 유사有司라고 한다."

이 대목은 자장과 자공의 문답으로 이뤄져 있다. 군자로서 위정자가 되고자 하는 자에게 모두 아홉 가지 조건을 제시한 셈이다. 5미 4악과 유사한 내용이 〈이인〉 〈자로〉 〈술이〉 등에도 나온다. 공자가 평소 위정자의 덕목에 대해 깊은 관심을 기울였음을 알 수 있다.

5미 4악은 한마디로 말해 백성들을 심복하게 만드는 비술이나 다름없다. 《손자병법》의 부전굴인과 취지를 같이한다. 단지 적을 대상으로 삼은 부전굴인의 외치外治와 달리 신민을 대상으로 삼은 내치內治에 방점을 찍은 게 다를 뿐이다. 크게 보면 내치와 외치 모두 치국평천하의 일환이다. 상대를 심복하게 만든다는 점에서는 하등 차이가 없다.

《논어》에는 공자가 치국평천하 문제를 부전굴인의 관점에서 접근한 일화가 제법 많다. 〈옹야〉의 다음 일화가 대표적이다.

하루는 자공이 스승에게 물었다.

"만일 백성에게 널리 베풀어 많은 사람을 구제하는 사람이 있다면, 가히 인하다고 할 수 있겠습니까?"

공자가 대답했다.

"어찌 인하다고만 말하겠는가? 반드시 성인일 것이다. 요순도 오히려 그리하지 못한 것을 근심했다. 인자는 자신이 서고자 하면 남을 세우고(欲立立人), 자신이 통달하고자 하면 남을 통달하게 만든다(欲達達人). 가까운데서 능히 취해 비유할 수 있다면 가히 인을 이루는 방법이라고 할 수 있을 것이다."

여기서 나온 성어가 바로 욕립립인과 욕달달인이다. 이는 부전굴인에 입각한 치국평천하 통치술의 꽃에 해당하며, 〈안연〉에 나오는 다음 구절보다 한 단계 더 높은 경지를 말한다.

제자 중궁仲弓이 인에 대해 묻자 공자가 이같이 대답했다.

"문을 나갈 때는 큰 빈객을 맞이하듯이 하고, 백성을 동원할 때에는 큰 제사를 받들듯이 하고, 자신이 원치 않는 일을 남에게 강요하지 않는 것이다. 이같이 하면 나라에도 집안에도 원망이 없을 것이다."

'자신이 원치 않는 일' 운운의 원문은 '기소불욕己所不欲, 물시어인勿施於人'이다. 유사한 구절이 〈공야장〉과 〈위령공〉에도 나온다. 공자의 문하에 널리 퍼져 있던 격언이었음에 틀림없다. 당시 공자는 제자들과 대화하면서 이러한 격언을 자주 인용했던 것으로 짐작된다.

'기소불욕, 물시어인'은 자신이 원치 않는 일을 남에게 강요하지 않는 수준의 소극적인 자세를 언급한다. 그러나 〈옹야〉의 '욕립립인, 욕달달인'은 자신이 무엇을 하고자 할 때 남을 먼저 세우고 통달하게 만든다는 점에서 매우 적극적이면서도 시혜적이다. 훨씬 높은 수준의 덕행인 것은 다시 말할 필요조차 없다. 《손자병법》이 역설하는 부전굴인과 취지를 같이한다.

〈자로〉에 나오는 다음 일화도 부전굴인을 치국평천하에 적용한 사례로 거론할 만하다. 하루는 노정공이 공자에게 물었다.

"한마디 말로 나라를 일으킬 수 있다고 하는데 과연 그렇소?"

공자가 대답했다.

"말한 바대로 할 수는 없으나 그에 가깝게 할 수는 있을 것입니다. 사람들이 '군주 노릇도 어렵지만 신하 노릇도 쉽지 않다'고 말한 경우를 생각해봅시다. 만일 군주 스스로 군주 노릇이 어렵다는 것을 안다면 그것이 바로 한마디 말로 나라를 일으키는(一言興邦) 것에 가까운 게 아니겠습니까?"

말 한마디로 나라를 흥하게 만드는 일이 가능할까? 공자는 군주가 겸양지심을 지니고 신하들을 두루 포용할 수만 있다면 불가능한 일이 아니라고 말한다. 부전굴인과 맥이 통하는 얘기다. 노정공이 재차 물었다.

"한마디 말로 나라를 잃는 것도 가능하오?"

공자가 대답했다.

"말한 바대로 할 수는 없으나 그에 가깝게 할 수는 있을 것입니다. 사람들이 군주의 말을 인용해 말하기를 '과인은 군주 노릇이 즐겁지 않다. 오직 내가 말을 하면 어기지 않는 것이 즐겁다'라고 할 경우를 생각해봅시다. 군주의 말이 선하여 백성들이 이를 어기지 않으면 이 또한 좋지 않겠습니까? 그러나 만일 군주의 말이 선하지 않은데도 이를 어기지 않는 자가 없다면 그것이 바로 한마디 말로 나라를 잃는 것에 가까운 게 아니겠습니까?"

일언상방一言喪邦, 즉 말 한마디로 나라를 망하게 한다는 뜻이다. 군주의 독선을 지적한 것이다. 군주의 언행이 선하지 않은데도 모든 신민이 입을 닫는 경우를 일컫는다. 이 또한 《손자병법》이 말하는 부전굴인의 취지와 통한다.

조조는 왜 원소의 밀서를 불태웠을까

조조가 천하통일의 기반을 닦게 된 결정적인 계기는 하북의 패자 원소袁紹를 격파한 관도대전이다. 관도대전 당시 그가 부전굴인의 이치를 가장 극명하게 보여준 사례로 이른바 분소밀신焚燒密信 사건을 들 수 있다. 《삼국지》 〈무제기〉에는 조조가 편지들을 불태웠다는 얘기만 짤막하게 나온다. 그러나 배송지 주에 나오는 《위씨춘추》는 당시 조조가 한 말을 자세히 인용해놓았다. 《자치통감》도 이를 역사적 사실로 간주해 《위씨춘추》를 그대로 기록해놓았다. 이에 따르면 건안 5년(200) 봄, 조조를 암살하려는 동승의 음모가 누설되자 유비는 재빨리 도주했다. 조조가 후

환을 없애기 위해 유비를 치려고 하자 곽가가 말했다.

"원소는 성정이 의심이 많고 결단력이 없어 오더라도 신속히 오지는 못할 것입니다. 유비는 지금 일어나 부하들의 인심이 아직 완전히 그에게 귀부하지 않았습니다. 급히 그를 치면 반드시 패배시킬 수 있습니다."

이에 조조가 군사를 이끌고 동정에 나섰다. 한편 책사 전풍은 원소에게 이같이 건의했다.

"조조와 유비의 교전은 빨리 해결되기 어렵습니다. 공이 군사를 이끌고 조조의 후방을 치면 가히 일거에 평정할 수 있을 것입니다."

그러나 원소는 아들의 병을 핑계로 이를 받아들이지 않았다. 전풍이 지팡이로 땅을 치며 탄식했다.

"슬프다! 천재일우의 기회를 만나고도 어린아이의 병으로 기회를 버리니 애석하기 그지없다. 일이 끝났구나!"

조조가 유비를 쳐 깨뜨리고 그의 처자를 포로로 잡았다. 또 하비를 공략해 관우를 사로잡았다. 유비는 원소에게 몸을 의탁했다. 한 달여가 지나자 도망친 군사들이 점차 유비 곁으로 모여들었다. 조조가 군사를 이끌고 관도로 돌아오자 원소가 비로소 조조의 근거지인 허현許縣을 치는 문제를 논의하게 했다. 이에 전풍이 반대했다

"조조가 이미 유비를 쳤기 때문에 허현을 다시 비울 일은 없습니다. 게다가 조조는 용병을 잘하고 변화가 무궁해 군사는 비록 적지만 경시할 수 없습니다. 지금은 지구전으로 대치하느니만 못합니다. 장군은 산하가 험하고 견고한 지형을 점거하고 기주를 비롯해 4개 주의 백성을

거느리고 있습니다. 밖으로 호걸들과 결탁하고 안으로 농사지으며 싸우는 경전耕戰에 심혈을 기울인 후 정예한 병사를 골라 기병을 써 이리저리 적의 허술한 곳으로 번다히 출격하면 황하 이남을 소요스럽게 만들 수 있습니다. 적이 오른쪽을 구하려면 왼쪽을 치고, 왼쪽을 구하려면 오른쪽을 쳐 적이 피곤에 지쳐 우왕좌왕하고 백성들이 안심하고 일을 할 수 없게 되면 나는 고생함이 없이 적만 이미 곤핍하게 되니 3년이 안 되어 앉아서도 이길 수 있습니다. 지금 필승의 계책을 버려두고 일전으로 성패를 결정하려는 것은 매우 위험하니 만일 여의치 않을 경우 나중에 후회해도 소용없을 것입니다."

그러나 원소는 전풍의 말을 따르지 않았다. 전풍이 다시 간언하자 원소는 군심을 동요시킬 우려가 있다며 그를 옥에 가두었다. 원소가 사방 격문을 띄워 조조의 죄를 성토했다. 이해 여름 4월, 조조가 북쪽으로 올라가 유연을 구했다. 순유가 건의했다.

"공의 병력이 적어 적을 당할 수 없으니 반드시 그들의 세력을 분산시켜야 합니다. 공은 황하 이남의 연진延津에 이르러 만일 황하를 넘어 원소의 후방을 칠 수 있다면 원소가 반드시 서쪽으로 나아가 응전할 것입니다. 그때 공은 경병輕兵을 이끌고 백마로 가 적의 빈틈을 치십시오. 그러면 적장인 안량을 사로잡을 수 있을 것입니다."

조조가 군사를 이끌고 밤낮으로 달려 백마로 갔다. 백마에서 10여 리 떨어진 곳에 이르렀을 때 안량이 군사를 이끌고 싸우러 나왔다. 조조가 장료와 관우를 선봉으로 내세워 이들을 치게 했다. 관우가 휘날리는 안량의 대장기를 보고 말을 급히 몰아 그대로 달려들어 수많은 적군 속에서 안량의 목을 베어 돌아왔다. 백마의 포위를 푼 조조가 그곳의 백성들에게 모두 짐을 싸게 한 뒤 황하를 따라 서쪽으로 나아갔다. 원소가 황하를 건너 추격하려 하자 책사인 저수가 만류했다.

"승부의 변화는 신중히 고려하지 않으면 안 됩니다. 지금 연진에 군사를 주둔시킨 가운데 일부 군사만 관도로 나아가야 합니다. 만일 그들이 관도를 공략하면 다시 돌아와 연진에 주둔하고 있는 군사와 함께 황하를 건너도 늦지 않습니다. 혹여 무슨 불행한 일이라도 생기면 퇴로마저 끊어지게 됩니다."

그러나 원소는 그 말을 듣지 않았다. 저수는 원소가 강을 건너자 크게 탄식했다.

"주군은 스스로 자만에 차 있고, 장수들은 이익을 탐해 급히 공을 세우려 한다. 유유히 흐르는 황하여! 우리가 능히 너를 건널 수 있겠는가?"

이후 저수가 병을 칭해 사직하고자 했으나 원소는 받아들이지 않았다. 원소의 명을 받은 문추가 대군을 이끌고 연진의 남쪽에 이르렀다가 참패를 당했다. 당대의 용장으로 알려진 안량에 이어 문추까지 모두 죽자 원소군의 사기가 땅에 떨어졌다. 당시 조조는 관우가 이내 떠날 것을 알고 후하게 포상했다. 관우는 조조로부터 포상으로 받은 물건을 전부 봉하고 편지를 써 작별을 고한 뒤 원소 군중에 있는 유비에게 갔다. 사람들이 추격하려 하자 조조가 황급히 만류했다.

"각자 그 주인이 있으니 뒤쫓지 마라!"

이해 9월, 조조가 출병해 원소와 교전했으나 패하자 뒤로 물러나 영채를 굳게 지켰다. 얼마 후 원소와 사이가 틀어져 귀부歸附한 허유許攸의 계책을 받아들여 오소烏巢에 쌓여 있던 원소의 군량미를 모두 불태워버렸다. 그러고는 원소의 군사들이 혼란스러운 틈을 타 급습했다. 원소는 일부 군사들을 이끌고 황급히 강을 건너 달아났다. 그런 와중에 저수가 원소를 좇아 강을 넘지 못해 조조의 군사에게 사로잡혔다. 저수는 조조 앞에서 큰 소리로 말했다.

"나는 투항하지 않았소. 단지 잡혔을 뿐이오!"

조조가 친히 영접하며 저수를 회유했다.

"머무는 곳이 달라 오랫동안 서로 떨어져 있었소. 오늘 그대가 나에게 잡힐 줄은 생각도 못했소. 원소는 지략이 없어 그대의 계책을 사용치 못했소. 지금 전란이 아직 평정되지 않았으니 응당 군과 함께 도모할 생각이오."

저수는 물러서지 않았다.

"나의 숙부와 외숙의 목숨이 원소의 수중에 있소. 내가 공의 은혜를 입는다면, 속히 죽이는 것이 나의 복이 될 것이오."

조조가 탄식했다.

"내가 조금만 일찍 군을 얻었어도 천하에 염려할 일이 없었을 것이오."

조조는 저수를 사면하고 각별하게 대우했다. 그러나 얼마 안 되어 저수가 원소에게 돌아가려 하자 조조는 그를 죽였다. 당시 조조가 수거한 원소의 서신 가운데는 허현에 있는 인사는 물론 휘하의 일부 장령이 원소에게 보낸 편지도 있었다. 좌우에서 입을 모아 건의했다.

"그 이름들을 일일이 조사해 모조리 잡아 죽여야 합니다."

조조가 반대했다.

"원소가 강성할 때는 나 또한 스스로를 보호할 길이 없었다. 하물며 다른 사람들이야 말할 것이 있겠는가!"

그러고는 원소의 비밀 서신들을 모두 불태우도록 했다. 이를 두고 후세 사가들은 '분소밀신' 내지 '분서불문焚書不問' 사건이라고 한다. 원소와 몰래 교신했던 허도의 인사들과 일부 장령들은 조조의 너그럽고 어진 도량에 크게 감복했다.

원래 조조의 분소밀신은 후한을 세운 광무제 유수가 적의 본거지를 점령했을 때 휘하 장령들이 적과 내통한 서신을 발견하고도 이를 일거에 불태워버린 것을 흉내 낸 것이다. 사서를 많이 읽었던 조조는 광무제의 분소밀신 행보를 흉내 냈을 공산이 크다.

천하를 거머쥐고자 하면 반드시 분소밀신과 같은 통 큰 행보가 필요하다. 이런 통 큰 행보는 문무겸전의 지혜와 용기, 결단 등의 덕목을 지녀야만 가능하다. 이는 사마천이 《사기》 〈화식열전〉에서 최고의 인물로 내세운 백규白圭의 행보와 일치한다. 백규는 부를 쌓는 비결을 이같이 요약한 바 있다.

나는 생업을 운영하면서 이윤과 여정이 계책을 내듯, 손무와 오기吳起가 군사를 부리듯, 상앙이 법을 시행하듯 했다. 그 지혜가 임기응변에 부족하거나, 그 용기가 결단하는 데 부족하거나, 그 어짊이 먼저 내주어 나중에 더 크게 취하는 수준이 안 되거나, 그 강인함이 지킬 바를 끝까지 지키는 수준에 이르지 못한 사람은 아무리 내 비술을 배우고자 해도 결코 가르쳐주지 않은 이유다.

이윤과 여상은 유가가 내세우는 현상賢相의 표상이다. 손무와 오기는 병가의 대가이고, 상앙은 법가의 시조에 해당한다. 백규가 지혜와 용기 등의 덕목을 거론하며 이들을 두루 거론한 것은 제자백가 사상의 정수를 꿰지 못하면 결코 큰 부를 쌓을 수 없다는 사실을 지적한 것이나 다름없다. 본서가 《논어》와 《손자병법》의 정수를 하나로 녹여내고자 한 취지와 같다.

·3·

천리마는 전장에서 더 빛난다

· 지피지기知彼知己 ·

실력을 간파하라

흔히 '인사가 만사'라고 말한다. 동서고금을 막론하고 인사에 실패하고도 성공한 경우는 없다. 공자도 한비자와 마찬가지로 군주의 신하에 대한 통제에 많은 관심을 기울였다. 《논어》〈양화〉의 다음 대목이 그 증거다.

비루하고 졸렬한 자가 과연 가히 더불어 군주를 섬길 수 있겠는가? 그는 부귀를 얻기도 전에 미리 얻을 것을 걱정하고, 얻고 난 뒤에는 잃을 것을 지레 걱정한다. 실로 그는 잃을 것을 걱정하는 상황이 되면 못하는 짓이 없게 된다.

공자는 여기서 비루하고 졸렬한 비부鄙夫의 문제점을 통렬하게 지적한다. 자리를 지키기 위해 수단과 방법을 가리지 않는 자들이 바로 비부의 전형이다. 공자가 비부의 등용을 경계한 것은《손자병법》〈모공〉에서 좋은 장수의 선발을 역설한 것과 같다.

장수는 군주를 보필하는 기둥이다. 장수의 보필이 온전하면 그 나라는 반드시 강해진다. 장수의 보필에 틈이 생기면 그 나라는 반드시 약해진다.

'보필' 운운은 곧 군주와 장수의 리더십을 언급한 것이다. 군주는 뛰어난 장수를 알아보는 감식안이 있어야 하고, 장수는 평소 차분히 용병술을 연마해야 한다는 얘기다. '현상賢相과 양장良將은 난세에 등장한다!'는 말이 그래서 나왔다. 명군明君도 다를 바 없다. 태평성대에는 군주와 대신이 누구일지라도 큰 문제가 없다. 문제는 국가의 존망과 백성의 안녕이 위기에 처한 난세 상황이다. 군주와 신하 모두 제 몫을 해줘야 보국안민이 가능하다. 위기상황에서 명군과 현상, 양장의 진정한 리더십이 발휘되는 이유다. 마치 천리마가 전쟁 때 진면목을 발휘하는 것과 같다.《손자병법》〈모공〉이 양장을 언급하면서 동시에 지피지기知彼知己를 역설한 이유다.

적을 알고 나를 알면 매번 싸워도 위태롭지 않다(知彼知己, 百戰不殆). 적을 모르고 나를 알면 승부를 예측할 수 없다(不知彼而知己, 一勝一負). 적도 모르고 나도 모르면 매번 싸울 때마다 위험에 처하게 된다(不知彼不知己, 每戰必殆).

양장을 단박에 알아보는 안목이 바로 군주의 지피지기이고, 적의 실력을 단박에 간파하는 능력이 양장의 지피지기라는 얘기다. 양장의 선결 조건은 적과 자신의 실력을 정확히 파악해 최선의 전략전술을 짜내는 지피지기의 실현이다. 양장을 선발해 승리를 담보하라고 주문한 것이나 다름없다. 〈모공〉의 지피지기 구절을 두고 대다수 사람들은 승패의 엇갈림 차원으로 풀이하나 이는 잘못이다.

첫째, '적을 알고 나를 알면 매번 싸워도 위태롭지 않다'는 최상의 병법인 벌모와 차상의 병법인 벌교의 단계를 언급한 것이다. 상대방의 내부 사정은 물론 그 속셈까지 훤히 아는 까닭에 앞서 언급한 것처럼 상대방의 경향을 좇아 다양한 계책을 구사할 수 있다. 벌모가 통하지 않을 경우 뛰어난 종횡가를 동원해 상대방을 고립시키는 벌교 계책을 구사할 수밖에 없다. 외교전이 병력을 동원한 무력전보다 훨씬 나은 것임은 말할 것도 없다.

둘째, '적을 모르고 나를 알면 승부를 예측할 수 없다'는 무력을 동원한 벌병의 단계를 언급한 것이다. 많은 사람이 일승일부를 한 번 이기고 한 번 진다고 해석하나 이는 원문의 취지와 완전히 동떨어진 것이다. 동전을 던지면 앞 또는 뒤가 나올 확률은 각각 2분의 1이다. 그러나 막상 실험을 하면 내리 앞면만 나올 수도 있다. 더구나 무력을 동원하는 전쟁은 동전을 던지듯이 수학적인 확률만 믿고 진행할 수도 없다. 일승일부를 한 번 이기고 한 번 진다고 해석해서는 안 되는 이유다. 적을 모를 경우 승패의 확률은 통계학적으로는 2분의 1이 되겠지만 현실에서는 10회를 넘어 100회까지도 연이어 패할 수 있다.

이는 비슷한 실력의 경우에 한한 것도 아니다. 압도적인 무력 차이를 보일지라도 마찬가지다. 모든 면에서 객관적으로 우세했던 원소가 조조에게 패하고, 당대 최고의 용력을 자랑했던 항우가 유방에게 패한 것도 바로 이 때문이다. 초한전 당시 항우는 싸울 때마다 승리를 거두었다. 그러나 진평 등이 구사한 반간계에 넘어가 최고의 책사인 범증을 내치는 등의 실수를 저지른 데 이어 마침내 최후 결전에 해당하는 해하垓下 싸움에서 패해 스스로 삶을 마감하고 말았다.

셋째, '적도 모르고 나도 모르면 싸울 때마다 위험에 처하게 된다'는 치고받는 최하 수준의 병법인 공성을 언급한 것이다. 막무가내식의 드잡이 싸움은 승패의 의미가 없다. 설령 상대방을 제압했을지라도 본인 역시 피투성이 만신창이가 될 가능성이 크기 때문이다. 서로가 가해자인 동시에 피해자이며, 이득은커녕 손해만 볼 뿐이다.

많은 사람들이 매전필태를 백전백패의 뜻으로 이해하나 이 또한 원문의 뜻과 동떨어진 것이다. 백전불태를 백전백승으로 곡해하는 것과 마찬가지다. 백전불태의 백百은 산술적인 숫자 100을 뜻하는 게 아니라 '대개'의 뜻이다. 매전필태 역시 백전불태의 경우가 그렇듯이 상황에 따라서는 무지막지한 저돌적인 공격이 성공할 수도 있다. 그러나 이는 속언에 나오듯 소가 뒷걸음질하다 쥐 잡는 격이다. 두 번 다시 그런 일이 반복되리라고 기대해서는 안 된다. 《한비자》 〈오두伍蠹〉에 이를 경계하는 일화가 나온다.

송나라의 한 농부가 밭을 갈고 있었다. 밭 가운데는 나무 그루터기가 있었다. 마침 토끼 한 마리가 달아나다가 그루터기에 부딪혀 목이 부러져 죽었다. 이를 본 농부는 이후 쟁기를 놓고 그루터기를 지키며 토끼가 재차 오기를 기다렸다. 그러나 다시는 토끼를 얻을 수 없었다. 결국 그는 송나라의 웃음거리가 되고 말았다. 옛 성왕의 정사를 흉내 내 지금의 백성을 다스리고자 하는 것은 모두 송나라 농부의 어리석음을 범하는 것과 같다.

어리석은 사람을 뜻하는 수주대토守株待兎라는 성어가 여기서 나왔다. 상황에 따른 임기응변의 정사를 펼치지 못하고 고식적인 정사를 펼치는 것을 비판한 것이다. 난세에조차 인의를 좇아 다스려야 한다고 주장한 맹자를 겨냥한 것임은 말할 것도 없다. 백전불태와 매전필태는 바로 한비자가 역설한 수주대토의 관점에서 접근해야만 제대로 된 해석이 가능하다. 〈모공〉이 용병의 수준을 크게 벌모 · 벌교 · 벌병 · 공성의 네 단계로 나눈 이유가 여기에 있다. 지피와 지기의 중요성을 구체적으로 세분화해 설명한 것이나 다름없다.

운명을 가른 결정적 차이

조조는 《손자병법》을 주석하면서 자신의 실전 경험을 토대로 원문의 취지를 보강하거나 이의를 제기하고자 할 때는 '나 조조'라는 식의 표현을 사용했다. 전편에 걸쳐 모두 두 번 나온다. 〈모공〉에서 여포를 생포할 때의 상황을 언급한 것과 〈구변〉에서 도겸을 격파할 때의 상황을 언급한 게 그것이다. 그가 여포를 생포한 사실을 얼마나 자랑스럽게 생각했는지를 짐작하게 해주는 대목이다. 먼저 〈모공〉의 해당 내용부터 살펴보자.

용병의 기본 이치를 말하면, 아군의 병력이 적의 열 배일 때는 포위해 굴복시키는 것도 가하다. 다섯 배일 때는 공격해 굴복시키는 것도 가하다. 두 배일 때는 분산시켜 공격한다. 비등할 때는 유리한 지형 등을 최대한 활용해 싸운다. 아군이 수적으로 적을 때는 충돌을 피한다. 극히 열세일 때는 과감히 퇴각한다. 병력이 크게 달리는데도 피하지 않고 굳게 버티면 결국 강대한 적에게 포로로 잡히고 만다.

신흥 강자 조조와 당대 최고의 무력을 자랑하던 원소의 운명이 갈리게 된 결정적인 배경은 조조가 천자를 옆에 끼고 천하를 호령하는 이른바 '협천자영제후挾天子令諸侯'를 실행한 데 있다. 명분상의 우위를 점한 게 요체다. 조조가 〈모공〉의 이 대목을 해석하면서 이례적으로 상세한 주석을 덧붙여놓은 것도 이런 맥락에서 이해할 수 있다. 조조의 주석을 보자.

아군 병력이 적보다 열 배가 되면 포위해 싸울 수 있다고 한 것은 적과 아군의 장수가 지략과 용맹 등에서 거의 같고 병사의 사기와 무기가 거의 비슷할 때 적용되는 원칙이다. 만일 아군 장수가 뛰어나고 병사의 사기나 무기가 적보다 압도적으로 우세하면 병력 차이가 반드시 열 배까지 차이 날 필요가 없다. 나 조조는 단지 두 배 병력만으로도 하비성을 포위해 용맹하기 그지없는 여포를 생포한 바 있다.

아군 병력이 다섯 배나 많을 때는 5분의 3은 정병正兵, 나머지 5분의 2는 기병奇兵으로 활용한다. 아군 병력이 두 배 많을 때는 군사를 절반으로 나눈 뒤 한 부대는 정병, 다른 한 부대는 기병으로 활용한다. 적과 아군의 병력이 비등할 때는 매복이나 기습 등의 다양한 전술을 활용해야만 승리를 거둘 수 있다.

아군이 적을 때는 성벽을 높이고 보루를 튼튼히 하는 방법으로 맞서야 하고, 결코 가벼이 접전해서는 안 된다. 열세일 때는 과감히 퇴각해야 한다고 한 것은 병사를 이끌고 재빨리 피하는 것을 뜻한다. 병력이 크게 달리는데도 피하지 않고 굳게 버티면 결국 강대한 적에게 포로로 잡히고 만다고 한 것은 병력이 압도적으로 강한 적군과 정면으로 맞붙으면 이길 도리가 없다는 취지에서 나온 것이다.

원소는 힘만 믿고 이런 간단한 이치를 무시했다. 대개 원소의 자만심이 지나쳤다고 해석하나 이는 반만 옳다. 원소 스스로 천자가 되고자 욕심을 낸 게 정답이다. 이미 민심이 한나라를 떠난 만큼 새 왕조를 세우고자 한 것 자체를 탓할 수는 없다. 문제는 그릇이다. 원소는 그릇이

작았다. 게다가 시기심과 욕심도 많았다. 난세에 천하를 거머쥐려는 자로서는 실격이다. 원소의 죽마고우인 조조는 이를 통찰하고 있었다.

겉만 보면 당시 원소는 하북 일대의 방대한 영역을 호령하는 최고 실력자였다. 난세는 실력이 명분을 압도한다. 원소가 협천자영제후의 명분을 가벼이 여긴 것도 나름 이유가 있다. 조조의 입장에서 볼 때 원소를 제압하지 않고는 뜻을 펼 길이 없었다. 당시 조조의 뇌리에서 떠나지 않는 또 한 명의 숙적이 있었다. 바로 동쪽의 여포였다. 먼저 여포를 제압할 필요가 있었다.

조조는 한헌제를 맞이한 후 두 숙적을 제거하는 데 모든 역량을 쏟아부었다. 남쪽으로 장수張繡를 치고, 동쪽으로 원술袁術을 토벌한 것은 바로 이 때문이다. 배후를 기습당하는 우려를 없애고자 한 것이다. 원소와 여포를 제거하기 위한 사전 조치에 해당한다.

결국 조조는 토벌에 나선 지 불과 석 달 만에 여포를 제거하는 데 성공했다. 그 비결은 상대의 실력과 자신의 실력을 객관적으로 정확히 파악해 가장 현실적인 전략을 채택한 지피지기에 있었다. 당시 여포는 서주와 회하 사이에 웅거하며 남북의 요충지를 끼고 있었다. 남쪽으로 원술, 북쪽으로 원소와 통하고, 동시에 우호 세력인 유비와 대치해 있었기 때문에 제거하기가 쉽지 않았다. 조조는 단계별로 여포를 고립무원 상황으로 몰아넣은 뒤 최후의 일격을 가하는 방안을 택했다. 이게 주효했다. 지피지기의 개가였다.

조조는 여포를 토벌할 때 시종 전선을 길게 펴지 않고 한곳에 힘을 집중하는 전술을 구사했다. 지금의 하남성 회양淮陽에서 출병해 유비와 합세한 후 곧바로 여포의 근거지인 팽성을 함락한 게 제1단계 조치에 해당한다. 이어 미리 약속한 대로 진등으로 하여금 안에서 내응하도록 한 뒤 그를 선봉으로 내세워 여포를 하비성 안으로 몰아넣었다. 제2단계 조치에 해당한다. 이후 증원군이 도착하자 하비성 둘레에 참호를 판 뒤 기수와 사수의 물을 끌어들여 성 안으로 흘려보낸 게 여포의 숨통을 조였다. 마지막 제3단계 조치였다. 실제로 여포는 구원병도 없는 상황에서 식량마저 떨어지자 이내 투항하고 말았다.

여포의 제거는 조조에게 최강의 무력을 보유한 원소를 꺾는 결정적인 계기로 작용했다. 실제로 조조는 여포의 제거를 계기로 장강 이북의 양주 · 서주 · 연주 · 예주 등 4개 주를 손에 넣음으로써 나름 원소와 비등한 위치로 올라서게 되었다. 당시 원소도 기주 · 청주 · 유주 · 병주 등 4개 주를 보유하고 있었다. 조조가 하북 일대의 패권을 놓고 원소와 최후의 결전인 관도대전을 벌이게 된 배경이 여기에 있다.

지기와 지피

《손자병법》이 지기와 지피를 같은 비중으로 취급한 것과 달리 전설적인 병법가의 저서인 《귀곡자》에서는 지기를 지피보다 앞세운다. 먼저 《귀곡자》〈반복〉의 구절부터 살펴보자.

> 상대방을 아는 지피는 자신을 아는 지기로부터 시작한다. 지기 이후

에야 비로소 지피를 할 수 있다. 이같이 하면 비목어比目魚가 그런 것처럼 사물의 두 측면을 동시에 파악하며 병행해 나아갈 수 있다.

지기를 지피보다 앞세운 취지는 '사물의 두 측면을 동시에 파악하며 병행해 나아'가기 위해서라는 언급에 잘 나타나 있다. 정면正面과 반면反面을 동시에 관찰해 실정과 속셈을 정확히 파악하고자 한 것이다. 〈모공〉에서는 적을 모르고 나를 아는 부지피지기만 언급하고, 적을 알고 나를 모르는 지피부지기의 경우는 빼놓았다. 이는 지피부지기를 부지피지기와 같은 것으로 간주한 결과다. 특이하게도《손자병법》〈지형〉에서는 두 경우를 모두 언급하고 있다.

아군이 적을 공격할 수 있다는 것만 알고 적이 아군을 공격할 수 없다는 것을 모르면 승부를 예측하기 어렵다. 적이 아군을 공격할 수 있다는 것만 알고 아군이 적을 공격할 수 없다는 것을 모르면 이 또한 승부를 예측하기 어렵다. 적이 아군을 공격할 수 있고 아군도 적을 공격할 수 있다는 것을 모두 알지라도 지형이 불리하다는 사실을 모르면 이 또한 승부를 예측하기 어렵다.

'적이 아군을 공격할 수 있다는 것만 알고 아군이 적을 공격할 수 없다는 것을 모'른다는 것은 〈모공〉에서 빠뜨린 '지피부지기'의 상황을 언급한 것이다. '아군이 적을 공격할 수 있다는 것만 알고 적이 아군을 공격할 수 없다는 것을 모'른다는 것은 〈모공〉에서 언급한 '부지피지기'의 상황을 부연 설명한 것이다. 《손자병법》이 지피와 지기를 같은 비중으로 취급했음을 알 수 있다.

그렇다면 《귀곡자》 〈반복〉에서는 왜 지기를 지피보다 앞세웠을까? 그 이유가 있다. 일반적으로 사람과 사물을 접할 때 가장 먼저 눈과 코 및 귀에 들어오는 것은 대상이 보내는 모습과 냄새 및 소리 등의 정보다. 머리는 이런 정보들을 종합해 상대가 자신에게 이로운 대상인지 아니면 해로운 대상인지의 여부를 순간적으로 판단한다. 이것이 상대를 아는 지피의 단초에 해당한다. 문제는 판단의 잣대가 한쪽으로 치우쳐 있을 때다. 저울이 기울어지면 물건을 제대로 잴 수 없다. 마찬가지로 제대로 된 분석틀이 없으면 상대에 대한 정보를 잘못 해독하기 십상이다. 〈반복〉에서 지피에 앞서 지기를 역설한 이유가 여기에 있다. 냉정하면서도 객관적인 판단의 잣대를 보유하라고 주문한 것이다.

원래 지기가 상대의 속셈을 읽는 판단의 잣대라면, 지피는 상대가 보내는 모든 신호를 뜻한다. 지기가 사물과 사안의 반면이라면, 지피는 정면에 해당한다. 〈반복〉에서 지기가 지피에 앞서야 한다고 역설한 이유다. 상대를 정확히 알기 위해서는 냉정하면서도 객관적인 판단의 잣대를 갖춰야 한다고 주문한 것이다. 지피와 지기를 동일한 비중으로 다룬 《손자병법》과 달리 《귀곡자》가 지기에 무게를 둔 것은 상대의 속셈과 심리를 파악하는 독심讀心에 방점을 찍은 결과로 볼 수 있다.

지피지기, 지천지기

《손자병법》이 《귀곡자》와 달리 지피 및 지기를 같은 비중으로 다룬 배경은 《손자병법》 〈지형〉에 나오는 지천지지知天知地를 통해 쉽게 알 수 있다. 지천지지는 천시天時와 지리地利를 제대로 알아야만 진정한 승리를 거둘 수 있다는 취지에서 나온 것이다. 결국 지피지기에 지천지기가 더해져야만 승리를 장담할 수 있다는 얘기다. 먼저 천시부터 살펴보자.

일반적으로 책을 읽을 때는 주위 환경에 휘둘리지 말고 책에 정신을 집중할 필요가 있다. 이를 3도到라고 하며 심도心到, 안도眼到, 구도口到가 그것이다. 마음과 눈과 입을 함께 기울여 책을 읽으라는 주문이다. 이를 독서삼매讀書三昧라고도 한다. 본래 삼매는 불교의 수행법을 말한다. 마음을 하나의 대상에 집중해 감각적 자극이나 그 자극에 대한 일상적 반응을 초월하는 상태를 유지하는 게 그것이다. 삼매에 빠지면 옆에서 벼락이 쳐도 모른다. 3도는 바로 그런 경지를 의미한다.

《논어》 〈학이〉의 첫머리에 '배우고 때때로 익히면 이 또한 즐겁지 아니한가!'라는 구절이 나온다. 독서와 학문의 즐거움을 언급한 것이다. 훗날 주희는 〈권학가〉에서 이같이 읊었다.

> 소년은 금방 늙고 학문은 이루기 어려워(少年易老學難成)
> 잠깐의 시간이라도 가벼이 할 수 없다(一寸光陰不可輕)
> 못가의 풀들 봄날 꿈에서 깨기도 전에(未覺池塘春草夢)
> 마당가 오동잎 벌써 가을 소리를 낸다(階前梧葉已秋聲)

주어진 세월 속에서 높은 경지의 학문을 이루기가 쉽지 않음을 표현했다. 주목할 것은 마지막 구절이다. 문맥상 글을 읽을 시간이 촉박하다는 의미로 풀이되는 둘째 구절과 대구를 이룬다. 의미도 거의 같다. 그러나 이는 천하대세의 흐름을 미리 읽는다는 뜻으로 자주 사용된다. 흔히 오엽추성梧葉秋聲으로 줄여 표현한다. 오동잎이 가을의 임박을 알리니 미리 대비하라는 주문이다. 유비무환有備無患과 같다. 《손자병법》 〈구변〉은 유비무환을 이같이 풀이해놓았다.

> 지혜로운 장수는 이해득실을 판단할 때 이득과 손해의 두 측면을 반드시 고려한다. 상황 변화에 따른 용병의 기본 원칙에 입각해 적이 가까이 이르지 않으리라 기대해서는 안 되고, 늘 스스로 충분히 대비해야 한다. 또 적이 가까이 올지라도 공격하지 않으리라 기대해서는 안 되고, 늘 적이 감히 침공하지 못하도록 만반의 방비 태세를 갖춰야 한다.

평시에도 돌발적인 위험을 미리 대비해야 한다는 뜻으로 곧 상시적인 유비무환의 대비 태세를 언급한 것이다. 미리 대비하는 것과 그렇지 못한 것은 유사시 하늘과 땅만큼의 차이를 만들어낸다. 때를 놓치지 말아야 하는 이유다. 《논어》 〈양화〉에도 이를 경계하는 일화가 나온다.

하루는 노나라 권신인 계환자의 가신 양화陽貨가 주군을 유폐한 뒤 공자를 만나고자 했다. 반란의 명분을 얻고자 한 것이다. 《춘추좌전》에는 양호陽虎로 나온다. 공자가 그를 의도적으로 피했다. 양화가 이내 삶은 돼지를 예물로 보냈다. 당시에는 예물을 받을 경우 예법에 따라 사례하지 않을 수 없었다. 공자는 양화가 부재한 틈을 노려 그의 집으로 가 사례하고 돌아오다가 마침 길에서 양화와 마주쳤다. 양화가 은밀히 길을 지켰다가 공자를 만났을 가능성이 크다. 양화가 청했다.

"이리 오시오. 내가 그대에게 하고 싶은 말이 있소."

공자가 다가가자 양화가 물었다.

"훌륭한 보배를 품고서 나라를 어지럽게 내버려두는 것을 가히 인仁하다고 말할 수 있소?"

공자가 대답했다.

"그리 말할 수 없소."

양화가 또 물었다.

"평소 천하를 구할 생각으로 일하기를 좋아하면서 자주 때를 놓치는 것을 가히 지혜라고 말할 수 있소?"

공자가 대답했다.

"그리 말할 수 없소."

양화가 다시 물었다.

"해와 달이 흘러가듯 세월은 한번 가면 다시 오지 않는 법이오. 세월이 자신을 위해 기다려주지 않으니 지금 벼슬하지 않고 어느 때를 기다리려는 것이오?"

공자가 대답했다.

"옳소. 내가 장차 벼슬길에 들어서도록 하겠소."

이를 두고 주희는 '양화는 공자를 풍자하여 공자로 하여금 속히 벼슬하게 하려고 했다. 공자는 일찍이 벼슬하고자 하지 않은 것도 아니었다.

다만 양화에게 벼슬하지 않았을 뿐이다. 공자는 이치대로만 대답하고 다시 그와 변론하지 않음으로써 그의 뜻을 깨닫지 못한 것처럼 행동한 것이다'라고 풀이했다. 실제로 공자는 양화에게 장차 출사하겠다고 말했으나 끝내 양화에게 나아가지는 않았다. 천시가 오지 않았음을 알았기 때문이다.

병법에서는 천시 못지않게 지리를 중시한다. 지리에는 여러 가지 뜻이 있다. 첫째, 땅의 산물로부터 얻는 이익을 말한다. 삼림이나 경작, 목축 따위의 생산을 지칭한다. 둘째, 토지로부터 얻는 이익을 말한다. 임대수익 등이 이에 해당한다. 셋째, 땅의 형세에 따라 얻는 이로움이나 편리함을 뜻한다. 병법에서 말하는 게 바로 이것이다. 《손자병법》〈지형〉은 이같이 설명해놓았다.

> 지형에는 크게 여섯 가지 유형이 있다. 사통팔달의 교통이 편리한 통형通形, 가기는 쉬워도 돌아오기 어려운 괘형掛形, 아군과 적이 서로 좁은 길을 사이에 두고 대치하는 지형支形, 길이 매우 협소하고 통행이 불편한 애형隘形, 산천이 매우 험준한 험형險形, 아군과 적이 서로 멀리 떨어져 있는 원형遠形이 그것이다. 이들 여섯 가지는 지형 특성을 이용해 적절히 대응하는 원칙에 해당한다. 장수의 중대한 책임이니 신중히 살피지 않으면 안 된다.

전장의 형세는 해당 지역의 지형에 따라 달라질 수밖에 없다. 고대에는 지형이 승패에 큰 영향을 미쳤다. 《손자병법》에 〈지형〉이 따로 편제

된 이유다. 조조의 주석이 이를 뒷받침한다.

> 적과 싸울 때 장수는 반드시 전쟁터 지형을 머릿속에 넣고 그 특징을 철저히 살펴 적극 활용해야만 승리를 거둘 수 있다.

《손자병법》은 첫 편인 〈시계〉에서 승패를 가늠하게 하는 다섯 가지 사항인 도道·천天·지地·장將·법法의 5사事를 언급한 바 있다. 5사 가운데 하나가 지리다. 〈지형〉은 이를 해설한 것이다. 지피지기는 인사, 지천지지는 천시와 지리에 관한 것이다. 결국 천시와 지리, 인사를 모두 훤히 꿰어야만 승리를 거둘 수 있다는 얘기다.

한방에서도 지피지기와 지천지지를 매우 중시한다. 사람에 따라 처방을 달리하는 인인제의因人制宜와 계절에 따라 달리 처방하는 인시제의因時制宜, 풍토에 따라 달리 처방하는 인지제의因地制宜가 그것이다. 《맹자》〈공손추 하〉도 지피지기와 지천지지를 하나로 꿰어 이같이 해석해놓았다.

> 천시는 지리만 못하고, 지리는 인화만 못하다. 도를 얻은 자는 도와주는 자가 많고, 도를 잃은 자는 도와주는 자가 적은 법이다. 도와주는 자가 적어 극한에 이르면 친척조차도 배반하게 되고, 도와주는 자가 많아 극한에 이르면 천하 사람이 따르게 된다. 천하 사람이 따르는 것으로 친척조차 배반하는 것을 공격하는 까닭에 군자는 설령 싸우지 않을 것을 내세우지만 일단 싸우게 되면 반드시 승리를 거두는 것이다.

덕정으로 천하를 통일하라고 주문한 것이다. 비록 현실과 동떨어진 이상주의적 방안이기는 하나 나름 일리가 있다. 아무리 막강한 무력을 지녔을지라도 인심을 잃으면 설령 무력으로 천하통일을 이루어도 오래 갈 수 없기 때문이다.

· 4 ·

은밀히 칼날을 숨겨라

· 도광양회韜光養晦 ·

남이 나를 알아주지 않음을 걱정하지 마라

우리 속담에 '삼십육계 줄행랑'이 있다. 도무지 상대할 수 없는 강적을 만났을 때는 무조건 내빼는 게 상책이라는 의미를 담고 있다. 이는 중국의 역대 병서 가운데 하나인《삼십육계》에 나오는 마지막 계책이기도 하다.

막강한 적을 만났을 때는 곧바로 달아나는 주위상走爲上이 최상이다.

전군이 강적을 피하는 것은 2보 전진을 위한 1보 후퇴에 해당한다. 용병의 원칙에 어긋나는 게 아니다.

많은 사람들이 '주위상'의 주走를 달아날 도逃와 같은 뜻으로 새기나 이는 잘못이다. 여기서는 적이 강하고 아군이 약한 상황에서 실력을 보전하기 위해 취하는 '2보 전진을 위한 1보 후퇴'의 의미다. 전술적 퇴각이다. 투지와 기개에 하등 변함이 없다. 오히려 투지를 더욱 불태우는 방안으로 활용할 수도 있다. '도'는 사기가 땅에 떨어진 나머지 황급히 달아나는 상황을 의미한다. 하늘과 땅만큼의 차이가 있다.

주위상은 《회남자》 〈병략훈〉에 나오는 '실즉투實則鬪, 허즉주虛則走'와 의미가 같다. 여기서의 실實은 병력이 충실한 경우를 뜻하고, 허虛는 병력이 피폐해진 상황을 의미한다. 아군이 '허'의 상황에 처해 있는데도 무모하게 '실'의 상황에 있는 적과 정면 대결을 펼칠 수는 없는 일이다. 〈병략훈〉의 이 구절은 일시 적과의 충돌을 피해 힘을 보충한 뒤 다시 생각해보라고 주문한 것이다. 똑같이 퇴각의 뜻을 지니고 있음에도 굳이 '도'가 아닌 '주'를 사용한 이유가 여기에 있다.

주위상 계책은 대적이 불가능한 강적을 만났을 때 정면충돌을 자제하고 빨리 피하는 것이다. 그렇게 해서 후일을 기약한다. 그렇다면 이 계책의 출전은 무엇이고, 구체적인 전례로 어떤 것이 있을까?

무릇 사세事勢가 여의치 못해 일시 퇴각할지라도 '하늘이 나를 버렸다'고 탄식하며 오강에서 자진한 항우의 전철을 밟아서는 안 된다. 항우에게 권토중래捲土重來를 권한 어부의 말처럼 잠시 몸을 숨긴 채 때를 기다릴 필요가 있다. 매우 고통스러운 기간일 수 있으나 월왕 구천은 와신상담 끝에 마침내 자신에게 한없는 굴욕을 안긴 오왕 부차를 제압하고 천하를 호령할 수 있었다.

한때 실패했다고 해서 앞으로도 계속 실패하리라는 법은 없다. 훗날을 기약하며 인내하고 실력을 닦는 게 정답이다. 지금 가난하다고 해서 평생 가난하게 살아야 하는 것도 아니고, 지금 힘들고 어렵다고 해서 앞으로도 계속 힘들고 어려운 삶을 살아야 하는 것도 아니기 때문이다. 어떤 어려움에도 굴하지 않는 불요불굴不撓不屈의 투지가 관건이다.

《손자병법》〈시계〉에도 이와 유사한 내용이 나온다. 적이 여러 면에서 압도적인 우위를 점한 상황에서는 재빨리 피할 것을 주문한다.

> 적의 내실이 충실하면 더욱 든든하게 대비하고, 적이 강하면 정면충돌을 피하고 빈틈을 노려야 한다.

불리한 상황에서는 정면충돌을 최대한 피하면서 힘을 비축할 것을 주문한다. 이는 상황에 따라 크게 두 가지 경우로 나눠볼 수 있다. 첫째, 실력을 비축할 사이도 없이 적이 도발해와 불가피하게 싸움이 빚어졌을 경우다. 이때는 정규전을 최대한 피하면서 매복과 기습, 유격 등의 기병을 펼칠 필요가 있다. 대표적인 예로 조조가 관도대전에서 원소의 대군을 격파하고, 주유가 적벽대전에서 조조의 대군을 물리친 것을 들 수 있다. 도강 작전을 최대한 활용한 덕분이다.

베트남이 끈질긴 유격전 끝에 몽골군을 격퇴한 데 이어 20세기에 들어와 프랑스와 미국의 군사를 물리친 것도 전쟁사에 남을 일이다. 정글전의 개가다. 소련군을 격퇴한 바 있는 아프가니스탄이 21세기 들어 막강한 화력을 자랑하는 G1 미국을 퇴각하게 만든 것도 같은 맥락이다. 해발 수천 미터에 달하는 산악 지형을 최대한 활용한 덕분이다. 이를 통해 병력의 많고 적음이 승패를 좌우하는 게 아님을 알 수 있다. 한 사람이 적군 100명을 상대한다는 취지의 일당백一當百 등의 용어가 나온 것도 이 때문이다.

둘째, 힘을 비축할 기회를 만났을 때다. 이때는 상대가 전혀 눈치 채지 못하게 은밀히 칼을 갈며 때를 기다리는 책략이 필요하다. 원래 자부심이 강한 사람일수록 자신을 높이 평가하면서 남의 실력은 과소평가하는 경향이 짙다. 자신의 공을 과장되게 포장하며 스스로 떠벌리는 이유다. 공자는《논어》〈헌문〉에서 이같이 경계한 바 있다.

> 남이 나를 알아주지 않는 것을 걱정하지 말고 자신이 능하지 못한 것을 걱정해야 한다.

실력부터 차분히 쌓으라는 주문이다. 적잖은 사람들이 '알량한' 실력을 드러내지 못해 안달한다. 스스로 남들의 질시를 자초하는 꼴이다. 이는 패망을 자초하는 짓이나 다름없다. 무공이 아무리 높을지라도 안으로 감추고 겉으로 겸양하는 모습을 보이는 무림의 고수처럼 행동할 필요가 있다. 이때 남에게 업신여김을 받을 수도 있지만 그렇더라도 욱하는 모습을 보이는 것은 하책이다.

태공망 여상이 자신을 알아주는 주문왕이 나타날 때까지 위수 가에서 낚시를 하며 세월을 낚은 것처럼 인내하며 기다리는 게 정답이다. 이때 단순히 기다릴 게 아니라 자신을 알아주는 사람을 만나 실력을 발휘하기 위해 더욱 부지런히 노력해야 한다.

자신의 실력을 알아주는 사람을 만나는 것을 지우知遇라고 한다. 지우의 은혜를 입는 것은 지우지은知遇之恩, 줄여서 지은知恩으로 표현한다. 제갈량이 유비를 만나 일약 승상의 자리에 오른 게 대표적인 경우다. 지은을 입고자 하면 제갈량처럼 먼저 차분히 실력부터 키울 필요가 있다. 공자가 '남이 나를 알아주지 않는 것을 걱정하지 마라'고 당부한 이유다.

칼날을 감추고 때를 노리다

도광양회는 칼날의 빛을 감추고 실력을 기르면서 천하를 제패할 때를 기다린다는 뜻이다. 이와 관련해 가장 유명한 인물이 춘추시대 말기 월왕 구천句踐이다. 월나라는 지금의 장강 이남 지역인 절강성을 중심으로 한 작은 나라였다. 이웃한 오나라가 문득 흥기하기 전까지는 중원의 제후국들에 그 존재 자체도 알려지지 않았다. 그러나 농업 기반이 튼튼한데다 북으로 장강 하류 지역을 차지한 오나라와 이웃하며 치열한 경쟁을 전개한 까닭에 오나라와 함께 역사의 전면에 나서는 행운을 만나게 됐다.

오와 월은 전래의 강국인 제齊 · 초楚 · 진晉 · 진秦 등이 잇단 전쟁과 내란으로 크게 쇠약해진 틈을 타서 부국강병을 추구한 덕분에 천하를 호령했다. 두 나라 간의 무한 경쟁이 바로 이런 결과를 낳았다. 두 나라 모두 《주역》이 역설하는 자강불식을 행한 덕분이다. 약 100년간에 걸쳐 진행된 이른바 '오월시대'는 꼴찌가 1등 국가가 되고, 돌아가며 1등을 차지했던 4강국이 오와 월에 수모를 당한 시기로 볼 수 있다. 경쟁이 발전에 얼마나 중요한 요소로 작용하는지를 보여주는 사례에 속한다.

오월시대 개막 직전 정나라의 자산子産과 제나라의 안영晏嬰, 중원 진나라의 숙향叔向 등 뛰어난 재상들이 여러 나라에서 동시에 등장해 이른바 '현상賢相시대'를 열었다. 오월시대는 현상시대의 연장선상에 있다. 정나라 자산이 활약한 기원전 6세기 중엽에서 공자가 활동하던 기원전 5세기 말까지가 현상시대에 해당한다. 오월시대와 현상시대가 거의 겹치는데, 이는 오월시대에도 현상이 존재했음을 의미한다.

실제로 오나라의 오자서伍子胥와 월나라의 범리范蠡가 바로 그 주인공이다. 오왕 합려에게 오자서의 존재가 그랬듯이 월나라의 구천 역시 범리라는 현상이 없었다면 천하를 호령하는 일은 불가능했다. 범리는 오자서와 더불어 오월시대 최후의 현상에 해당한다.

두 사람의 행보는 여러모로 대비된다. 두 사람 모두 타국 출신으로 높은 벼슬자리에 올랐고, 동시에 당대 최고의 지낭智囊이었다. 수단과 방법을 가리지 않고 모시던 주군의 패업을 완수한 점도 닮았다. 책사에 초점을 맞출 경우 오월시대를 '오자서와 범리의 대결 시대'로 간주해도 무리가 없다.

그러나 두 사람은 주군을 보필하는 방법 및 패업 이후의 선택 등에서는 극명한 차이를 보였다. 오자서는 마치 스승이 제자를 다루듯이 시종 주군인 오왕 합려를 앞에서 이끌었다. 자신의 생각을 거침없이 건의하고 관철시켰다. 그러나 합려의 뒤를 이은 부차에게도 동일한 방식을 구사한 게 화근이 됐다. 합려는 오자서가 없었다면 보위에 오르는 것이 불가능했던 까닭에 그 은혜를 잊지 않았다. 그가 죽을 때까지 오자서를 마치 스승을 대하듯이 예우한 이유다. 그러나 부차는 달랐다. 그는 오자서를 일종의 고문으로 밀어낸 뒤 새 인물로 진용을 짜서 자신의 시대를 만들고자 했다. 오자서는 이를 용납할 수 없었다. 내심 오나라는 자신이 만들었다는 생각을 갖고 있었기 때문이다. 당연히 갈등이 빚어졌고, 오자서는 비참한 최후를 맞았다.

범리는 어디까지나 참모의 역할에 충실했다. 주군인 월왕 구천의 조급증을 달래기 위해 때론 강력한 수위의 간언을 하기도 했지만 도를 넘은 적은 없었다. 나아가고 물러날 때를 정확히 알았기 때문이다. 패업을 이룬 후 월왕 구천 곁을 아무 미련 없이 훌쩍 떠난 것도 이런 맥락에서 이해할 수 있다.

《국어》《사기》《오월춘추》 등에 따르면 기원전 496년, 초나라 도성인 영성郢城을 함락시켜 천하를 진동시켰던 오왕 합려는 월왕 윤상允常이 세상을 떠나고 그의 아들 구천이 즉위했다는 소식을 듣고 크게 기뻐했다. 국상을 맞아 어수선한 틈을 타 월나라를 무너뜨릴 수 있는 절호의 기회라고 판단한 것이다. 이해 여름, 합려가 대군을 이끌고 월나라로 쳐들어갔다. 구천이 곧바로 영격에 나서 두 나라 군사가 지금의 절강성 가흥인 취리檇李에서 맞붙었다. 《춘추좌전》은 이 대목에서 처음으로 구천의 이름을 기록해놓았다.

이 전투에서 오나라가 대패했다. 구천을 얕잡아본 후과였다. 합려는 격전 중에 부상을 입어 이내 세상을 떠나고 말았다. 이를 계기로 오월 두 나라의 원한은 더욱 깊어졌고 경쟁 또한 치열해졌다. 합려의 뒤를 이어 왕위에 오른 부차는 궁정에 사람을 세워두고는 출입할 때마다 반드시 자신에게 이같이 말하게 했다.

"부차야, 너는 월왕이 네 부친을 죽인 것을 잊었느냐?"

"아닙니다, 어찌 감히 잊을 수가 있겠습니까?"

부차는 3년 후 마침내 설욕에 성공했다. 싸움에서 패한 월왕 구천 부부는 오왕 부차의 노비가 되었다. 범리가 구천을 수행했다. 그는 다음에서 얘기하는 이른바 '문질상분問疾嘗糞' 일화를 통해 구천을 귀국하게 만드는 데 성공했다. 이 일화는 와신상담臥薪嘗膽 일화만큼이나 유명하다.

시간이 지나자 오나라 내에서는 구천의 처리 문제와 관련해 태재 백비를 중심으로 한 '석방파'와 오자서를 중심으로 한 '처단파'가 격렬히 대립했다. 부차는 결단하지 못하고 망설였다. 사태가 긴박하게 돌아가는 와중에 부차가 병이 나 자리에 누웠다. 서너 달이 지나도록 병이 호전되지 않았다. 범리가 구천에게 한 가지 계책을 제시했다.

"지금 오왕은 우리를 용서해주기로 마음을 먹었다가 오자서의 말을 듣고는 또 마음이 변했습니다. 그런 심약한 사람의 동정을 얻으려면 비상수단을 써야 합니다. 대왕은 문병을 가 오왕의 분변糞便을 받아 직접 맛보면서 그의 안색을 살펴보고 곧 축하의 인사를 올리십시오. 이어 점차 호전될 것이라고 말하고 병석에서 일어날 날짜를 말하십시오. 예언이 적중하기만 하면 무엇을 염려하겠습니까?"

구천은 범리의 말대로 했다. 병이 거의 낫게 된 부차가 크게 기뻐하며 구천의 귀국을 허락했다. 여기서 변을 맛보는 식의 굴욕을 감수하며 뒷날을 도모하는, 문질상분이라는 성어가 나왔다. 목적을 이루기 위해 온갖 굴욕을 참아내는 극기克己의 전형에 해당한다. 실제로 구천은 귀국하자마자 겉으로는 정성을 다해 부차를 섬기는 모습을 보이면서 안으로는 설욕의 그날을 위해 절치부심하며 부국강병에 박차를 가했다.

기원전 490년, 범리와 함께 귀국한 구천은 오나라에서 겪은 수모를 한시도 잊지 않았다. 자리 옆에 쓸개를 매달아놓고 앉으나 누우나 이를 쳐다보고 음식을 먹을 때도 이를 핥았다. 늘 "너는 회계산의 치욕을 잊었는가?"라고 자문자답하며 스스로를 채찍질했다. 여기서 와신상담 일화가 나왔다. 문질상분과 동일한 취지다.

도광양회는 덩샤오핑이 생전에 제시한 부국강병 책략이다. 오늘날 중국이 미국과 어깨를 나란히 하는 나라로 부상한 근본 배경이다. 아직 여러모로 미국과 현격한 차이를 보이는 중국으로서는 도광양회가 G1으로 부상할 수 있는 최상의 방략에 해당한다. 구천의 와신상담 행보가 21세기 현재에 이르기까지 얼마나 큰 영향을 미치는지를 극명하게 보여주는 사례다.

나아가고 물러날 때를 알라

범리는 월왕 구천이 패업을 이룬 직후 그 곁을 떠나 목숨을 구했다.《도덕경》이 역설하는 공성신퇴功成身退의 이치를 통찰한 덕분이다. 그에 반해 대부 문종은 계속 미련을 갖고 곁에 머물다가 토사구팽의 희생양이 되고 말았다. 《오월춘추》는 문종이 자진하기 직전에 내뱉은 탄식을 기록해놓았다.

> 아, 옛말에 '큰 은혜는 보답받을 수 없고(大恩不報), 큰 공은 포상받을 수 없다(大功不還)!' 고 했다. 이는 대략 나의 이런 처지를 말한 것이다. 범리의 계책을 듣지 않아 결국 월왕에게 죽임을 당하게 되었구나!

원래 사람의 목숨을 구해주고 나라를 위기에서 구하는 등의 큰 은혜와 공적은 크게 포상을 받을 만한 일이다. 그러나 포상의 규모가 너무 크면 자칫 역효과를 낳을 소지가 크다. 군주를 위시해 주변 사람의 경계심과 질투를 자극하기 때문이다. 문종 역시 오자서와 마찬가지로 반란을 꾀했다는 무함誣陷을 받고 죽음에 이르게 됐다.

반란은 아무나 일으킬 수 있는 게 아니다. 왕조나 정권을 뒤엎을 정도의 힘을 지녀야만 가능하다. 당사자는 전혀 위세를 떨칠 생각이 없음에도 불구하고 주변 사람들은 권신權臣이 지닌 막강한 권력에 위압을 당하게 된다. 군주도 예외가 될 수 없다. 주변의 간신들이 이를 눈치 채지 못할 리 없다. 이들은 곧 사소한 것까지 입김을 불어가며 꼬투리를 잡아낸 뒤 크게 부풀려 군주에게 보고한다. 경계심을 품고 있던 군주는 귀가 솔깃해질 수밖에 없다. 새 왕조가 등장할 때마다 거의 예외 없이 큰 공을 세운 건국 공신들이 토사구팽을 당하는 이유가 여기에 있다.

공성신퇴는 큰 공을 세운 자가 살아남을 수 있는 비책이다. 이 역시 일종의 결단에 해당한다. 대다수 사람들은 자신이 세운 공이 클수록 자만하며 방자한 모습을 보이기 십상이다. 오자서와 문종의 경우도 비록 겉으로는 충성으로 포장되어 있었으나 그 내막을 보면 결코 예외가 아니었다. 군주에게 대드는 듯한 태도를 취한 게 그 증거다. 큰 공을 세운 권신이 이런 모습을 취할 때 두려워하지 않을 군주가 과연 있겠는가? 토사구팽이 끊이지 않는 이유다.

문종은 죽음을 앞두고서야 비로소 그 이치를 깨달았다. 그러나 이미 늦었다. 자신이 세운 공에 대한 과도한 자부심이 화를 낳은 것이다. 간신들의 무함이 난무하기 전에 깨끗이 물러났으면 결코 토사구팽의 제물이 되지는 않았을 것이다.

그러나 사실 이게 쉬운 일이 아니다. 벼슬은 얻기도 어렵지만 과감히 내던지기는 더욱 어렵다. 그러나 벼슬을 사는 사람들은 반드시 이를 체득해야만 한다. 동서고금을 막론하고 자리가 높아지고 권력이 커질수록 다음 세 가지 양상이 빚어진다.

첫째, 각종 이권을 둘러싼 청원이 늘어나면서 자칫 스캔들에 빠질 위험이 높아진다. 인간에게 권력 못지않게 강력한 유혹으로 작용하는 게 두 가지 더 있다. 바로 금력과 미색이다. 금력과 미색은 동전의 양면과 같다. 현재에 이르기까지 수십 년간 남다른 노력으로 마침내 고위직에 오른 사람들이 뇌물과 여자 문제로 인해 졸지에 불명예 퇴진하는 이유다. 세 가지를 모두 취하고자 한 게 화근이다.

둘째, 주변에 아부하는 사람이 늘어나면서 자만에 빠질 위험이 높아

진다. 인간은 지위 고하를 막론하고 자신을 내세우고자 하는 욕망이 강하다. 이는 공동체 속에서 자신의 존재 이유를 확인하고자 하는 본능에 속한다. 주변에서 칭송해주면 우쭐해지고, 비난하면 화를 내는 이유다. 높은 자리에 오를수록 내부의 칭송만 확대해서 들리고 외부의 비난은 차단되기 마련이다. 이게 사람을 착각하게 만든다. 《정관정요》에 나오듯이 당태종이 직언을 잘하는 위징을 곁에 두고 스스로를 경계하는 거울로 삼은 것은 바로 이 때문이다.

셋째, 최고지도자를 비롯해 주변 동료들의 경계심과 질시를 부추겨 고립무원에 빠질 위험이 높아진다. 어느 집단이든 내부 토착 세력과 외부 영입 세력이 공존하기 마련이다. 토착 세력은 충성, 영입 세력은 능력이 상대적으로 뛰어나다. 새 정권이 들어서거나 새 왕조가 창건될 경우 예외 없이 두 세력 간의 암투가 벌어진다. 범리와 문종은 외부 영입 세력에 해당했다. 구천이 오나라를 멸할 때까지 이들은 구천의 총애를 배경으로 기량을 마음껏 펼칠 수 있었다. 능력이 뛰어났기 때문이다.

그러나 다음이 문제다. 두 사람 모두 오나라를 토벌한 공을 인정받아 신하로서는 최고의 자리에 올랐다. 당대의 지낭에 해당하는 두 사람이 힘을 합할 경우 무슨 일이 벌어질지 모를 일이었다. 구천은 바로 이 점을 염려했다. 토착 세력이 이런 절호의 기회를 놓칠 리 없었다. 이들은 곧바로 미적거리며 자리를 지키던 문종을 모반 혐의로 몰아갔다.

당시 문종은 범리와 달리 재상의 자리에 연연하는 모습을 보였다. 이게 두 사람의 운명을 가르는 결정적인 배경이 됐다. 구천이 극도의 경계심을 갖는데다 토착 세력까지 가세하고 나선 상황에서 외부 영입 세력인 문종이 살아남을 가능성은 거의 없었다. 스스로 토사구팽을 초래한 셈이다. 자업자득이다.

현재까지 중국인들은 범리를 제갈량만큼이나 뛰어난 재상으로 생각하고 있다. 지혜롭고 그릇이 큰데다 나아가고 물러날 때를 알아 현명하게 처신한 점 등이 이유다. 일각에서는 그의 이런 행보를《도덕경》에서 역설하는 '도인'의 행보로 칭송한다. 나름 일리 있는 분석이나 이를 특별히 취급할 것은 없다. 오직 선택의 문제에 지나지 않기 때문이다.

사람들에게 자리를 지키다가 토사구팽을 당하는 것과 미련 없이 벼슬을 버리고 자유롭게 사는 것 중 하나를 택하라 하면 하나같이 후자를 택할 것이다. 문제는 자신만은 토사구팽을 당할 일이 없다고 착각하는 데 있다. 큰 공을 세운 사람일수록 이런 착각을 한다. 자멸의 길이다. 새 정부가 들어설 때마다 정권 창출의 일등공신들이 이런저런 사건에 연루되어 감옥에 가거나 불명예 퇴진하는 일이 끊이지 않는 현실이 이를 뒷받침한다. 권력자를 둘러싸고 온갖 유혹이 난무하는 지금의 상황에서 공성신퇴를 결행한 범리의 행보가 더욱 돋보이는 이유다.

시대를 어떻게 읽을 것인가

자공은 공자의 제자 가운데 가장 총명하기도 했지만 당대의 거부기도 했다.《사기》〈화식열전〉에 따르면 그는 사두마차를 탄 채 호위병들을 거느리며 제후들과 교제했다. 제후들은 몸소 뜰로 내려와 예를 다해 그를 맞이했다. 공자의 이름이 천하에 알려진 것도 자공이 스승을 모시고 다닌 덕분이라는 게 사마천의 주장이다.

그렇다면 자공은 어떻게 그토록 열심히 수학하면서도 거만의 부를 쌓을 수 있었을까? 《논어》에서는 단서를 찾기가 힘들다. 다른 고전도 마찬가지다. 다만 《사기》 〈중니제자열전〉에서 하나의 실마리를 찾을 수 있기는 하다.

> 자공은 인재의 천거와 무능한 인물의 퇴출에 능했다. 때에 맞춰 재화를 잘 굴렸다. 남의 장점을 즐겨 칭찬하면서 동시에 남의 잘못을 그냥 지나치지 못했다. 늘 노나라를 위해 보위에 앞장섰다. 집에는 천금의 재산을 모아놓았다. 제나라에서 숨을 거뒀다.

'인재의 천거와 무능한 인물의 퇴출에 능했다'는 것은 곧 사람의 재능과 그릇 등을 단박에 알아보는 이른바 지인지감知人之鑑이 뛰어났다는 얘기다. 사람에 대한 감식안鑑識眼을 옆으로 확장하면 사물 및 재화에 대한 감식안이 된다. '때에 맞춰 재화를 잘 굴렸다'는 구절이 곧바로 뒤이어진 이유를 대략 짐작할 수 있다. 〈화식열전〉에 나오듯이 그는 재화의 흐름과 등락을 빨리 파악하는 데 누구보다 뛰어났던 것으로 보인다.

이는 무엇을 말하는가? 남들이 눈치 채지 못할 때 재화의 흐름과 등락을 미리 요량해 재빨리 사두었다가 파는 식의 수법으로 거만의 재산을 모았을 가능성이 높다. 도광양회의 방법을 동원해 거부가 되었음을 시사한다. 월왕 구천 곁을 떠난 범리가 뱃길을 이용해 제나라로 들어간 뒤 치이자피鴟夷子皮로 이름을 바꾸고 거만의 재산을 모은 것과 닮았다.

〈월왕구천세가〉에 따르면 당시 범리는 바닷가에서 농사를 지으며 재산을 늘리는 데 힘썼다. 얼마 후 재산이 수십 만금에 달하게 되었다. 제나라 사람들은 범리가 현명하다는 소문을 듣고 재상으로 천거했다. 한동안 재상으로 있던 범리가 문득 이같이 탄식했다.

"집에서는 1천금의 재산을 이루고, 벼슬은 상국에까지 이르렀으니 보통 사람으로는 정점까지 간 것이다. 존귀한 이름을 오랫동안 지니는 것은 불길하다."

범리는 곧 재상의 인장을 돌려준 뒤 재산을 친구와 마을 사람들에게 나눠주고는 가족들과 함께 지금의 산동성 정도현인 도陶 땅으로 옮겨갔다. 이곳은 천하 각지의 물산이 모이는 곳이었다. 스스로 '도주공陶朱公'이라 칭한 범리는 농사를 지으며 장사도 겸했다. 물건을 사서 쌓아두었다가 시기를 보아 되파는 수법으로 1할의 이윤을 남겼다. 오래지 않아 막대한 재산을 모았다. 지금까지도 부호의 상징으로 도주공이 언급되는 이유다.

도광양회의 수법으로 거만의 재산을 모은 자공과 범리의 행보는 공자의 제자 가운데 청빈을 상징하는 원헌原憲이 쌀겨도 제대로 먹지 못한 채 뒷골목에 숨어 산 것과 대비된다. 원헌은 스승인 공자가 죽자 속세와 아예 두절한 채 산속에 은둔했다. 후대의 유자들은 그의 절조節操를 높이 평가해 '공문10철' 가운데 덕행이 뛰어났던 안연 및 민자건 등에 비유했다. 《장자》〈양왕〉에는 자공과 원헌이 해후하는 극적인 일화가 실려 있다.

하루는 자공이 큰 말이 이끄는 수레를 타고 감색 속옷에 흰색 겉옷을 입고 원헌을 찾아왔다. 당시 원헌은 사방이 10척밖에 안 되는 작은 집에 살았다. 지붕은 푸른 풀로 이었고, 쑥대로 엮은 문은 불안했다. 뽕나무 가지를 깎아 지도리, 밑 빠진 항아리를 창으로 삼았다. 두 개의 방은 거친 갈포로 둘러막았다. 지붕에서 비가 새 아래 바닥은 축축했다. 원헌은 그런 집에서 아무렇지도 않은 듯 똑바로 앉아 거문고를 타곤 했다.

자공이 찾아갔을 당시 원헌의 집이 좁은 골목 안에 있어 수레가 집 앞까지 들어갈 수 없었다. 자공은 부득불 수레에서 내려 걸어가야 했다. 원헌이 머리에 자작나무 껍질로 만든 갓을 쓰고 뒤꿈치 없는 신을 신고 명아주 지팡이를 짚은 모습으로 문에 나와 자공을 맞이했다.

자공이 원헌의 파리한 모습을 보고 크게 놀라 물었다.

"아, 선생은 어찌 이처럼 병색이 짙은 것이오?"

원헌이 대답했다.

"나는 듣건대 '재물이 없는 것을 가난이라 하고, 도를 배우고도 실천하지 않는 것을 병이라 한다'고 했소. 지금 나는 가난할지언정 병든 게 아니오!"

자공이 이 말을 듣고 뒷걸음치며 부끄러운 기색을 드러냈다.

원헌이 웃으며 말했다.

"무릇 세상에 명성을 얻기 위해 행동하고, 패거리를 지으며 친구를 사귀고, 남을 다스리기 위해 학문을 익히고, 자신의 이익을 위해 남을 가르치고, 인의를 내건 채 나쁜 짓을 일삼고, 화려한 수레와 말 장식으로 자신을 꾸미는 짓을 나 원헌은 차마 할 수 없소."

이 일화는 공명과 재부를 모두 차지한 자공의 세속적인 행보를 비웃기 위해 장자가 예로 든 것이다. 그러나 이것이 아무래도 지나쳤던 모양이다. 원헌을 높이 기린 장자 스스로 가난에 지친 나머지 분노를 폭발했기 때문이다.《장자》〈외물〉에 이를 뒷받침하는 일화가 나온다.

하루는 장자가 끼니를 잇지 못해 마침내 체면불구하고 친구인 감하후監河侯에게 양식을 빌리러 갔다. 감하후가 말했다.

"알았소. 내가 나중에 봉읍封邑에서 나오는 세금을 받아 선생에게 300금을 빌려주겠소! 그러면 되겠소?"

장자가 발끈하며 힐난했다.

"내가 어제 이리로 올 때 도중에 나를 부르는 자가 있었소. 뒤돌아보니 수레바퀴 자국의 물웅덩이에 붕어 한 마리가 있었소. 내가 묻기를 '붕어야, 너는 거기서 무엇을 하는 것이냐?'라고 했소. 붕어가 대답하기를 '나는 동해의 물결에서 튕겨져나온 해신海神의 신하요. 그대에게 한 말 한 되의 적은 물이라도 있으면 그것으로 나를 살려주시오!'라고 했소. 그래서 내가 말하기를 '알았다. 내가 바야흐로 남쪽 오나라와 월나라의 왕에게 유세하러 가려는데 그때 서강의 물을 거꾸로 흐르게 해서 그대를 맞이하겠다. 이제 됐는가?'라고 했소. 그러자 붕어가 발끈하며 안색을 바꿔 말하기를 '나는 지금 내가 늘 함께하던 물을 잃어버려 몸 둘 곳이 없는 신세요. 지금 한 말 한 되의 물만 있으면 능히 살 수 있소. 그런데 그대가 이처럼 말하니 차라리 일찌감치 나를 건어물 가게에서 찾는 게 나을 것이오!'라고 했소."

여기서 학철부어涸轍鮒魚라는 성어가 나왔다. 먼 곳의 물로는 가까운

곳의 불을 끌 수 없는 것처럼 몹시 고단하고 옹색한 상황을 비유할 때 사용된다. 장자가 사상적 스승으로 삼은 안연은 학철부어의 절박한 모습을 보이지는 않았다. 편안한 마음으로 도를 즐겨 지키는 안빈낙도安貧樂道의 표상이 된 이유다. 그는 요절한 까닭에 따로 제자를 두지 못했으나 사상적 후계자는 수천 년에 걸쳐 쉼 없이 출현했다. 가장 대표적인 인물이 바로 장자다. 공자는《논어》〈헌문〉에서 안빈과 부교富驕를 이같이 비교했다.

> 가난하면서 속으로 원망하지 않기는 어렵고, 부유하면서 교만하지 않기는 쉽다.

'가난하면서 속으로 원망하지 않기는 어렵고'라는 표현은 안빈낙도의 상징인 안연을 지칭한 것으로 보는 게 통설이다. 안연은 특이한 경우에 속한다. 똑같이 안빈낙도를 즐긴 장자가 극도의 빈곤을 견디지 못하고 친구 감하후에게 아쉬운 소리를 했다가 알맹이 없는 얘기를 듣고는 분노를 폭발한 게 그렇다.

공자가 '부유하면서 교만하지 않기는 쉽다'고 언급한 것은 위군자僞君子를 지목한 것이다. 공자는《논어》〈양화〉에서 이를 향원鄕原으로 표현했다. 세속에 영합해 시골에서 부지런하고 온후하다는 칭송을 받는 속되고 옹졸한 자를 말한다. 자공은 당대 최고의 부를 쌓았음에도 학행과 덕행의 수련을 게을리하지 않았다. 부유하면서 겉뿐만 아니라 속 또한 교만하지 않은 진정한 군자였다. 공자가 안연을 자신의 사상적 후계자로 간주하면서도 동시에 자공의 유상儒商 행보를 높이 칭송한 이유가 여기에 있다.

공자는 결코 부귀와 빈천 자체를 놓고 좋고 나쁘다는 식으로 비난한 적이 없다. 겉모습이 아닌 내용 자체에 주목한 결과다. 《논어》〈태백〉에 나오는 다음 언급이 이를 뒷받침한다.

천하에 도가 통하면 몸을 드러내 벼슬하고, 그렇지 못하면 몸을 숨긴다. 나라에 도가 있을 때는 빈천이 부끄러운 일이다. 그러나 도가 없을 때는 오히려 부귀가 부끄러운 일이다.

정당한 방법으로 얻은 부는 마땅히 즐길 만하지만, 부당한 방법으로 부를 모으는 것은 치욕이라고 지적한다. 고금을 관통하는 경제론이다. 나라의 시장 질서가 바로잡혀 있을 때 가난한 것은 능력이 부족한 탓이다. 반면 권력자의 무능이나 악행으로 인해 시장 질서가 혼란한 때를 틈타 치부하는 것은 추악하다. 공자의 빈부귀천에 대한 기본 인식은 《논어》〈이인〉의 다음 구절을 보면 보다 명료하게 알 수 있다.

부귀는 모든 사람이 원하는 바다. 그러나 도에 입각해 얻는 게 아니면 처하지 말아야 한다. 빈천은 모든 사람이 싫어하는 바다. 그러나 도에 입각해 버리는 게 아니면 애써 벗어나려들지 말아야 한다.

'도에 입각해 얻는 게 아니면'의 원문은 불이도득지不以道得之다. 이 대목을 두고 예로부터 논란이 많았다. 주희는 풀이하기를 '마땅히 얻지 말아야 할 것인데도 얻은 것을 뜻한다. 군자가 빈천에도 불구하고 편안해하는 것이 이와 같다'고 했다. 원래 빈천은 부귀와 달리 버리고자 해도 쉽게 버릴 수 있는 게 아니다. 반대로 빈천을 꺼리는 게 인지상정인 만큼 본인이 원한다고 해서 저절로 빈천해지는 것도 아니다. 주희의 해석은 인정과 배치된다. 청빈은 말할 것도 없고 게을러 얻게 되는 빈천 역시 벗어나려 애써서는 안 된다는 얘기가 되기 때문이다. 전반적인 빈천을 권장하는 것이나 다름없다.

이는 주희가 부를 쌓는 방법에서 농사를 열심히 지어 잉여 생산물로 돈을 버는 식의 청부淸富만 인정한 데 따른 것이다. 이를 관철할 경우 자공처럼 통상적인 상행위를 통해 부를 쌓는 것은 탁부濁富가 된다. 고리대금업처럼 서민들의 등을 치는 식의 치부는 말 그대로 탁부로 평할 수 있으나 통상적인 상행위로 치부하는 것까지 탁부로 몰아세우면 상인은 설 곳이 없게 된다. 주희의 주장을 좇을 경우 사실상 부를 쌓을 길을 스스로 봉쇄하는 것이나 다름없다. 사마천은 〈화식열전〉에서 이같이 설파했다.

> 무릇 근검 절약하고 부지런히 일하는 것이 부자가 되는 바른길이다. 모든 게 하기 나름이다. 다양한 방법으로 몸을 일으킨 자들이 매우 많다. 머릿기름 등의 화장품을 파는 것은 부끄러운 일이지만 옹 씨는 이를 통해 천금을 벌었다. 국밥장수는 하찮은 업종이지만 장 씨도 천만금을 벌었다. 칼을 벼리는 것은 보잘것없는 기술이지만 질 씨 역시 떼돈을 벌어 제후들처럼 반찬과 솥을 죽 늘여놓고 식사를 할 정도가 되

었다. 양의 내장을 삶아 조리한 음식을 파는 것은 단순하고 하찮은 장사지만 탁 씨 또한 이를 통해 말과 수레를 거느리는 부호가 되었다. 말의 병을 치료하는 것은 별것 아닌 기술이지만 장리 역시 그것으로 큰돈을 벌어 식사할 때 제후들처럼 편종의 연주를 듣는 수준이 되었다. 이 모두가 하나같이 성실한 마음으로 자신의 업무에 매진한 덕분이다. 이로써 미뤄보건대 부를 거머쥐는 데는 일정하게 정해진 직업이 없고, 재물 또한 일정한 주인이 없다. 재능 있는 자에게는 재물이 모이고, 불초한 자에게는 기왓장이 흩어지듯 달아난다. 천금을 모은 부자는 한 도시를 거느린 영주와 어깨를 나란히 하고, 거만의 재산을 보유한 자는 제왕과 하등 다를 바 없는 즐거움을 누린다.

주희의 해석은 공자가 말한 기본 취지를 거꾸로 풀이한 대표적인 사례에 속한다. 공자는 결코 청빈이든 탁빈이든 빈천을 권한 적이 없다. 전한 초기 《논형論衡》을 쓴 왕충王充도 '불이도득지'에 대해 유사한 생각을 갖고 있었다. 그의 해석이다.

부귀는 모든 사람이 바라는 바다. 그러나 도로써 얻어야지 구차하게 취해서는 안 된다. 빈천은 모든 사람이 싫어하는 바다. 그러나 정당치 못한 방법으로 빈천을 벗어나고자 해서는 안 된다.

조선조의 대표적인 실학자 정약용도 왕충의 해석을 좇았다. 그의 해석이다.

부귀는 정당한 방법으로 얻는 경우에 한해 취할 만하다. 빈천은 정당한 방법이 아닌 한 애써 버리려 하지 않는다.

자공처럼 장사로 치부해 제후들과 어깨를 나란히 하는 부유한 삶을 사는 것도 가능하고, 안연처럼 근근이 먹고살며 천지자연과 더불어 사는 일사逸士의 삶을 사는 것도 가능하다고 주장한 셈이다. 공자의 말에 부합한다.

원래 〈이인〉의 '불이도득지'는 빈부귀천을 도가 통하는 경우와 그렇지 못한 경우로 나누어 해석한 〈태백〉과 하나로 묶어서 보아야만 제대로 된 해석이 가능하다. 그 경우 이같이 풀이할 수 있다.

부귀는 모든 사람이 바라는 바다. 도가 통하는 시대일 때는 능히 취할 만하다. 그러나 도가 통하지 않는 시대에는 애써 그리할 필요가 없다. 도가 통하는 시대인데도 빈천을 벗어나려 애쓰지 않거나, 도가 통하지 않는 시대인데도 수단 방법을 가리지 않고 부귀를 추구하는 것은 모두 잘못이다.

이런 관점에 설 경우 산야에 숨어 안빈낙도를 택한 안연은 자신이 처한 시대를 도가 전혀 통하지 않는 시대로 간주한 셈이다. 이에 반해 공부하며 부를 축적한 자공은 도가 어느 정도 통하는 시대로 간주한 게 된다. 어느 쪽이 타당할까? 시대를 보는 눈은 사람마다 다를 수 있다. 사는 방식 또한 사람의 기질과 취향, 역사문화, 주변 상황 등에 따라 다양할 수밖에 없다. 안연과 자공의 길 가운데 어느 쪽이 더 나은가? 정답이 없다. 모두 당사자가 판단하고 선택하기 나름이다.

객관적으로 볼 때 공자는 자공의 입장에 서 있었다. 자공의 행보를 적극 수용하면서 제자들의 취직을 위해 애쓴 게 그렇다. 당시를 도가 전혀 통하지 않는 시대로 간주했다면 그리 했을 리 없다. 실제로 안연은 수도에는 뛰어났을지 모르나 현실의 삶에서는 무능했다. 제후들 가운데 안연의 자문을 구한 사람이 전혀 없었던 사실이 이를 뒷받침한다. 천하를 종횡하며 제후들과 대등한 예를 나눈 자공과 대비된다. 왕조 교체기처럼 극도로 혼란한 난세 상황에서 수많은 호걸들이 학정을 물리치고 백성을 구하겠노라며 벌떼처럼 일어난 점을 감안하면 도를 닦는 대신 학문과 부를 동시에 추구한 자공의 모습이 더 바람직하다. 사실 그게 입신양명을 중시한 유가의 진면목에 가깝다.

·5·

포상은 후하게, 처벌은 엄하게, 비방은 추하게

· 신상필벌信賞必罰 ·

먼저 명분을 바로 세워라

고금을 막론하고 신의와 성실은 세상을 살아가는 근본이다. 공자도《논어》〈자로子路〉에서 이를 역설한 바 있다. 총 30장으로 이루어진 〈자로〉는 다른 편에 비해 사군자士君子의 태도를 집중 논한 게 특징이다. 대표적인 일화를 보자.

하루는 자로가 공자에게 물었다.

"위군衛君이 선생님을 맞이해 정치를 하려 합니다. 선생님은 장차 무엇을 먼저 하시겠습니까?"

'위군'은 위령공衛靈公을 말한다. 주희는 위출공衛出公으로 간주해 공자가 귀국하기 직전의 일로 분석했으나 이는 역사적 사실과 동떨어진 것이다. 공자가 가까이 지낸 위군은 어디까지나 위령공이었다. 공자가 천하 유세를 끝마칠 즈음에 즉위한 위출공은 공자에게 정치를 맡기려 한 적이 없었다. 공자 역시 그의 밑에서 정치를 할 생각이 없었다. 춘추시대 역사에 대한 주희의 지식이 깊지 못했음을 보여주는 대목이다. 위령공은 시종 공자에게 매우 호의적으로 대했다. 당시 공자는 자로의 질문에 이같이 대답했다.

"반드시 먼저 명분을 바르게 하겠다(正名)."

공자는 춘추시대 말기의 어지러운 난세 속에서 신용과 성실을 토대로 한 정직한 삶을 추구한 것이다. 자로가 비꼬는 듯한 어조로 재차 물었다.

"세상 사람들이 선생님을 절실하지 못하고 현실과 동떨어져 있다고 하더니 정말 그렇습니다! 무슨 명분을 바르게 한다는 것입니까?"

자로는 명분 운운하는 스승을 면전에서 힐난한 것이다. 공자가 목소리를 높였다.

"정말 거칠구나, 유由야! 군자는 자신이 알지 못하는 것에 대해서는 대체로 가만히 있는 것이다. 명의가 바르지 못하면 말이 순조롭지 못하고, 말이 순조롭지 못하면 일이 이뤄지지 못하고, 일이 이뤄지지 못하면 예악이 일어나지 못하고, 예악이 일어나지 못하면 형벌이 형평을 잃고, 형벌이 형평을 잃으면 백성이 몸을 의탁할 곳이 없게 된다. 그래서 군자는 명의를 정하면 반드시 이에 대해 언급하고, 언급할 때는 반드시 실행하는 것이다. 군자가 하는 말에는 구차한 게 없는 법이다!"

명분이 바로 서야 백성들이 몸을 의탁할 곳이 있게 된다는 논리다. 공자는 신의와 성실을 중시했다.《논어》〈자로〉에 이를 뒷받침하는 일화가 나온다.

하루는 번지樊遲가 공자에게 청하여 곡식 가꾸는 일을 배우고자 했다. 공자가 말했다.

"나는 곡식을 가꾸는 늙은 농부만 못하다."

번지가 다시 공자에게 청하여 채소 가꾸는 일을 배우고자 했다. 공자가 말했다.

"나는 채소를 가꾸는 늙은 농부만 못하다."

번지가 나가자 공자가 말했다.

"소인이구나, 번지여! 윗사람이 예禮를 좋아하면 백성이 감히 공경하지 않을 리 없고, 윗사람이 의義를 좋아하면 백성이 감히 복종하지 않을 리 없고, 윗사람이 신信을 좋아하면 백성이 감히 실정대로 행하지 않을 리 없다. 이같이 하면 사방에서 백성이 포대기로 아이를 싸서 업고 올 터인데 어찌하여 직접 농사를 지으려는 것인가."

소인은 통상 군자와 대칭되는 개념으로 사용되고 있으나 여기서는 벼슬이 없는 일반 서민의 의미다. 맹자는 이를《맹자》〈등문공 상〉에서 위정자를 뜻하는 대인大人과 대칭되는 용어로 사용한 바 있다.〈자로〉에는 이밖에도 신의와 성실을 토대로 몸을 바르게 할 것을 주문한 공자의 언급이 나온다.

몸이 바르면 굳이 명하지 않아도 곧바로 행해지나 몸이 바르지 못하면 비록 명할지라도 백성이 따르지 않는다.

위정자의 솔선수범을 강조한 대목으로 명분을 바로 세우는 명정名正이 몸을 바로 세우는 신정身正으로 확대됐음을 알 수 있다. 이때 신정은 문맥상 몸과 마음을 바로 하는 '심신정心身正'을 의미한다. 〈자로〉에 나오는 공자의 '정명론正名論'을 한마디로 요약하면 위정자가 몸과 마음을 바로 하여 정사를 공정히 펼쳐야만 백성이 믿고 따른다는 얘기가 된다. 《손자병법》〈군형〉은 이를 '수도보법修道保法'으로 풀이해놓았다.

용병을 잘하는 군주는 정사를 바르게 펴고 법령을 확고히 세우는 수도보법에 애쓴다. 늘 승패의 결정권을 장악하는 이유다.

수도보법이 공자의 정명론과 같은 의미임을 알 수 있다. 이를 두고 조조는 이같이 풀이해놓았다.

병법에 뛰어난 군주는 먼저 나라 안의 정사와 인사를 바르게 해 적이 감히 넘볼 수 없는 치도治道를 실현한다. 법령을 공평히 시행하면서 적의 피폐하고 어지러운 틈을 놓치지 않는 게 승리의 요체다.

여기서 조조가 말한 '치도'는 노자가 《도덕경》에서 설파한 최고의 치도인 제도帝道를 뜻하고, '공평한 법령'은 한비자가 역설한 엄격한 법치인 패도霸道를 지칭한다. 양자 모두 공평무사公平無私 이념에서 나온 것이다. 해와 달이 사사롭게 어떤 사물에 더 많은 빛을 비추지 않고, 법이 존비와 고하를 가리지 않고 공평히 집행되는 것과 같다. 군주와 장수가 공평무사하게 행하는 신상필벌이 바로 수도보법의 요체라고 할 수 있다.

손정의의 자승병법

중국이나 한국과 달리 문文보다 무武를 숭상했던 일본은 오래전부터 수도보법의 이치를 터득하고 있었다. 지금도 일본인 사이에서 회자되는 이른바 '전국 3걸'의 일화가 그것이다. 일본의 전국시대를 풍미한 세 영걸에게 두견새가 울지 않을 경우 어떻게 대처할 것인지를 물었다. 먼저 오다 노부나가(織田信長)가 대답했다.

"이내 죽여버리겠다!"

다른 대안을 찾겠다는 취지를 직설적으로 표현한 것이다. 기존의 막부체제를 허물고 스스로 제왕이 되어 천하를 통치하고자 하는 포부를 드러낸 것이다. 두 번째로 도요토미 히데요시(豊臣秀吉)가 대답했다.

"어떻게 해서든 울게 만들겠다!"

막부체제를 유지한 채 쇼군이 되겠다는 취지를 드러낸 것이다. 실제로 그는 오다 노부나가가 비명횡사하자 뒤를 이어 쇼군으로 군림했다. 마지막으로 도쿠가와 이에야스(德川家康)가 대답했다.

"울 때까지 기다리겠다!"

도요토미가 죽기를 기다렸다가 자신의 근거지인 에도에 새로운 막부를 세우겠다는 의지를 드러낸 셈이다. 실제로 그는 도요토미 사후 자신의 지지 세력을 모은 뒤 반기를 들어 오사카를 중심으로 한 도요토미 세력을 제압하고 지금의 도쿄인 에도를 중심으로 새로운 막부를 세웠다. 대다수 일본인은 혼란한 전국시대에 통일의 초석을 닦기 위해서는 오다 노부나가의 리더십이 필요하고, 통일의 기틀을 마련하는 데는 도요토미 히데요시의 접근 방식이 어울리며, 열도를 통일하기 위해서는 때가 오기를 기다리는 도쿠가와 이에야스의 인내심이 필요했다고 해석한다. 나름 일리 있는 풀이다.

일본의 전국시대는 제자백가가 사상 논쟁을 벌이던 중국의 춘추전국시대와 달리 《손자병법》의 해석을 둘러싼 병가 내부의 논쟁이었다는 점에서 매우 독특하다. 전국 3걸 일화는 당시 상황을 상징적으로 보여준다. 이를 통해 알 수 있듯이 전략전술에 관한 한 일본이 현재에 이르기까지 최고 수준을 자랑하는 것도 이런 역사적 배경과 무관하지 않다. 실제로 '도요타 모델'을 비롯한 일본 특유의 기업경영 전략 모두 《손자병법》의 전략전술과 불가분의 관계를 맺고 있다.

대표적인 예로 재일교포 출신의 소프트뱅크 회장 손정의孫正義가 만든 이른바 '자승自乘병법'을 들 수 있다. 그는 20대 후반에 《손자병법》을 읽고 자신의 경영전략과 접목시켜 자승병법을 창안했다. 《손자병법》에 자신의 생각을 곱했다는 취지에서 자승병법이라는 명칭이 나왔다. 25자로 구성된 자승병법의 골자는 대략 다음과 같다.

첫째, 일류공수군一類攻守群이다. 공수의 균형을 이룬 팀으로 최고가 된다는 뜻이다. 둘째, 도천지장법道天地將法이다. 전쟁에서 승리하기 위해서는 사람들 간의 공감대가 가장 중요하고 주변 상황과 변화를 알아야 하며 훌륭한 리더십으로 법과 규율을 다스려야 한다는 의미다. 셋째, 지신인용엄智信仁勇嚴이다. 지도자는 지혜, 신의, 어짊, 용기, 엄격함이 있어야 한다는 뜻이다. 넷째, 정정략칠투頂情略七鬪다. 이길 확률이 70퍼센트가 되어야 싸운다는 의미다. 다섯째, 풍림화산해風林火山海다. 움직일 때는 바람처럼 이동하고, 멈출 때는 숲처럼 정지하며, 공격할 때는 불처럼 뜨겁고, 방어할 때는 산처럼 단단하며, 상대를 만나면 바다처럼 삼켜야 한다.

일본의 경제평론가 기리우 히로시(霧生廣)는 1997년에 펴낸《소프트뱅크 왕국의 도전》에서 기업이 21세기에 살아남을 수 있는 조건으로 '새로운 산업과 시장을 창조해나갈 재능과 도전 욕구에 넘치는 기업가 정신'을 들었다. 먼 미래를 내다보는 넓은 시야의 전략과 능력을 최우선 과제로 꼽으면서 기업조직을 개방적인 네트워크 형태로 운영할 것을 조언했다. 그는 이 책에서 우량 벤처기업과 하향세를 그리는 대기업을 항목별로 비교하면서 성공적인 경영 전략을 제시하고 있다. 가장 관심을 기울여 집중 분석한 최고경영자는 벤처기업의 상징으로 불린 빌 게이츠와 젊은 벤처기업의 기수로 불린 손정의였다.

벤처 캐피털의 거품이 꺼져 곤경에 처했을 때 일본 언론은 손정의의 자승병법에 의문을 제기했다. 인수합병으로 덩치를 키우고 주식시장에 상장한 뒤 주가를 올려 이익을 보는 미국식 접근 방식에 대한 근본적인 회의였다. 회사의 이익 창출보다는 주주의 주머니를 빼앗는 데 더 열중한다는 비판까지 나왔다. 손정의는 이를 정면으로 반박했다. 돈이 없어 제때 투자받지 못하는 회사를 발굴해 물과 영양분을 주는 것으로 해석해야 한다는 것이다. 벤처 캐피털의 필요성과 특징을 언급한 셈이다. 결국 그는 실적을 통해 자신의 주장을 증명했다. 그리고 지금은 디지털 시대의 일본을 이끌 대표주자로 인정받고 있다. 자승병법 창안의 개가로 해석할 수 있다.

위기일수록 천하를 감싸안아라

뉴욕대학교 정치학과 석좌교수인 브루스 부에노 데 메스키타는 2011년에 펴낸 《독재자의 핸드북》에서 '정치란 권력을 확보하고 유지하는 일에 지나지 않는다'라고 단언하며 민주와 독재의 구분을 거부했다. 그는 대체 가능 집단, 유력 집단, 핵심 집단의 규모와 역할이 민주국가와 독재국가를 구분하는 기준이 된다고 했다. 민주국가는 대체 가능 집단과 유력 집단이 다수를 형성해 소수의 핵심 집단보다 우위를 점한 나라이고, 독재국가는 극소수의 핵심 집단과 소수의 유력 집단이 대규모 대체 가능 집단을 압도하는 나라에 지나지 않는다는 것이다. 민주와 독재는 질적 차이가 아니라 양적 차이에 불과하다는 지적이다. 그는 이런 비유를 썼다.

> 민주국가든 독재국가든 핵심 집단에서 가장 중시하는 세 가지 특징은 첫째도 충성, 둘째도 충성, 셋째도 충성이다!

그는 국가운영과 기업경영 모두 경쟁과 자원의 조절 및 배분 문제를 핵심 사안으로 삼는 만큼 이론상 차이가 있을 수 없다고 했다. 정치에서 다루는 핵심 이론이 기업이나 어떤 다른 조직에도 동일하게 적용된다는 것이다. 그는 2012년 4월 국내의 한 경제전문지와 가진 인터뷰에서 이같이 말했다.

> 실제로 기업 CEO들은 정치지도자들처럼 핵심 지지자들의 충성심을 유지하기 위해 특전이나 혜택을 활용한다. 그러면서도 지금의 핵심 집단을 대체할 수 있는 후보군의 크기를 늘리는 방식으로 핵심 집단을 견제한다. (……) 애플은 사내 CEO 후보자들에게 CEO에게 필요한 다양한 기술을 배양시키려고 노력해왔다. 회사를 더 잘 경영할 수 있는 아이디어 경쟁을 시킨 것이다. 이는 회사의 가치를 저해하지 않는다. 가장 이상적인 기업 지배 구조는 이사회의 비중을 높여 더 좋은 아이디어를 내도록 경쟁시키는 것이다.

아이디어 경쟁은 병사들의 생사와 국가 존망이 엇갈리는 전쟁터에서 지휘관이 용병하는 이치와 닮았다. 뛰어난 참모를 곁에 두고 서로 머리를 맞댄 채 시시각각 변하는 전황을 정밀하게 분석하면서 임기응변의 즉각적인 결단을 내려야만 승리를 기약할 수 있다.

신상필벌과 공사의 엄격한 구분이 관건이다. 공을 세울 경우 즉각적으로 푸짐하게 포상하고, 사적 영역에 적용되는 인의도덕의 잣대 대신 능력과 아이디어 등 공적 영역의 잣대로 장병들을 발탁하며 경쟁을 부추기는 것을 말한다.

한비자가 군권君權을 공권公權, 신권臣權을 사권私權으로 간주한 이유가 여기에 있다. 이는 군주에게 천하를 사유물로 간주하라고 권한 게 아니다. 오히려 온몸을 내던져 천하를 감싸 안으라고 주문한 것이다. 위기상황에서 천하위공을 오히려 더욱 철저히 실천하는 것에 해당한다. 천하위공에 대한 유가와 법가의 이런 해석 차이는 천하경영의 운영 방식에서 극명하게 드러난다.

위기상황에서 군권이 자타가 공인하는 공권으로 인정받기 위해서는 먼저 인사가 공정해야 한다. 한비자가 인재를 발탁할 때 천하의 공의公義에 부합해야 한다고 역설한 이유다. 상벌권의 행사 역시 신중하면서 공정해야 한다. 세인들이 수긍하는 천하의 공론公論에 부합해야 실효를 거둘 수 있다. 법가의 엄정한 법 집행은 난세에 법을 더 철저하면서도 공정하게 실현하는 방안에 해당한다. 한비자가 군주의 수법守法을 역설한 이유가 여기에 있다. 군주를 엄정한 법치를 실행하는 최후의 보루로 간주한 결과다. 한비자는 결코 군주를 법 밖의 인물로 상정한 적이 없다.

21세기 들어 전 세계의 화두로 등장한 '리더십 위기'는 바로 공과 사의 영역 구분이 제대로 되지 않은 데 있다. 특혜와 부정비리로 인한 시장 질서의 교란이 그 실례다. 리더십 위기는 결국 민생 해결의 실패를 달리 표현한 것에 지나지 않는다. 고금을 막론하고 민생이 도탄에 빠져 있는 한 리더십 위기에서 벗어날 길은 없다. 이 덫에서 벗어날 수 있는 유일한 길은 공정한 법 집행을 전제로 한 최고통치권자의 과감한 결단이다. 민생 현장인 시장의 교란을 막는 게 요체다.

전체를 한 사람 부리듯

공정한 상벌은 상벌을 남용하지 않는 것에서부터 출발한다. 상벌이 남용되면 위력이 떨어진다. 차라리 행사하지 않는 것만 못하다. 다상多賞이 아닌 소상少賞이 필요한 이유다. 그래야 권위가 서고 사람들이 분발해 상을 받고자 한다. 형벌의 행사도 마찬가지다. 일벌백계一罰百戒의 소벌少罰이 필요한 이유다.《손자병법》〈행군〉도 이를 경계하고 있다.

> 자주 상을 내리는 것은 지휘가 신뢰를 잃어 곤경에 빠져 있다는 표시다.

주의할 것은 소상과 소벌을 시행할 때 반드시 적시適時에 후상厚賞과 중벌重罰을 행해야 한다는 점이다. 때를 맞추지 못하거나 박상薄賞과 경벌輕罰을 행하면 그 효력이 반감돼 소기의 성과를 거두기 어렵다. 이를 뒷받침하는《손자병법》〈구지〉의 해당 대목이다.

> 장수는 무법지상無法之賞을 행하고, 무정지령無政之令을 반포한다. 전군을 마치 한 사람을 부리듯 자유자재로 다루는 배경이 여기에 있다.

'무법지상'은 통상적인 규정을 뛰어넘는 파격적인 포상을 말한다. 여기서의 무법은 관례에 부합하지 않는다는 의미다. '무정지령' 역시 일반적인 수준을 뛰어넘는 강도 높은 명령을 뜻한다. 신상필벌이 주효하기 위해서는 반드시 파격적이면서도 신속해야 한다. 그렇지 않으면 병사들의 사기를 북돋우거나 군기를 바로 세우는 일이 어렵게 된다.

무법지상은 극히 두터운 후상, 무정지령은 극히 엄중한 형벌인 중벌을 달리 표현한 것이다. 엄정한 신상필벌, 병가가 법가와 만나는 지점이다.《한비자》〈팔경〉의 다음 대목이 이를 뒷받침한다.

포상은 후하게 하는 게 최상이다. 백성이 이를 큰 이익으로 여기게끔 만들기 때문이다. 칭송은 미화하는 게 최상이다. 백성이 이를 큰 영광으로 여기게끔 만들기 때문이다. 또 처벌은 엄하게 하는 게 최상이다. 백성이 이를 큰 두려움으로 여기게끔 만들기 때문이다. 비방은 추화醜化하는 게 최상이다. 백성이 이를 큰 치욕으로 여기게끔 만들기 때문이다. 연후에 일관되게 법을 시행하고, 사적인 이익을 도모한 신하를 금압하면 군주의 상벌 행사는 아무런 방해를 받지 않게 된다. 이같이 해야만 군주는 상벌을 행하면서 모든 실정을 정확히 파악할 수 있고, 치국의 방법도 완비된다.

〈팔경〉의 이런 주장은 전국시대 중엽 서쪽 변방의 진나라를 최강국으로 만들어낸 상앙의 변법을 토대로 한 것이다. 상앙의 변법은 일하며 싸우는 이른바 농전農戰 내지 경전耕戰에 집약돼 있다. 진나라가 갑자기 최강국으로 등장한 것은 그의 변법이 차질 없이 성사되고 한 치의 착오도 없이 강력한 법치가 시행됐기에 가능했다. 이를 뒷받침하는《상군서》〈획책〉의 해당 대목이다.

백성이 용감한 나라는 전쟁에서 승리하고, 그렇지 못한 나라는 패한다. 성왕은 천하의 왕자 노릇을 하는 것이 전쟁을 통해서만 가능하다는 사실을 간파했다. 거국적으로 백성들에게 전사戰士가 될 것을 고취한 이유다. 강대한 나라의 백성은 아비가 자식을 전쟁터로 전송하고, 형이 동생을 배웅하고, 아내가 남편을 떠나보낼 때 이구동성으로 말하기를 '법을 어기고 명을 위반해 당신이 죽으면 나도 죽는다. 마을에서 우리를 처벌할 것이다. 군대에서는 도망칠 곳이 없다. 도망을 쳐 다른 곳으로 옮겨갈지라도 발을 들여놓을 곳이 없다!' 고 한다. 도주하면 몸 둘 곳이 없고, 패하면 살 길이 없다. 전사들이 흐르는 물처럼 명에 복종하고, 전투에 임해 죽어도 물러서지 않는 이유다.

엄정한 법치가 '농전'을 실현하기 위한 수단으로 등장했음을 보여준다. 상앙의 법치는 엄한 형벌과 신중한 포상으로 요약되는 이른바 중벌소상重罰少賞 위에 서 있다. 예로부터 중벌에 대해서는 별다른 오해가 없으나 소상에 대해서는 적잖은 사람들이 잘못 이해하고 있다. 이는 포상을 남발하지 말라는 취지에서 나온 것으로 결코 포상의 내용을 빈약하게 하라는 게 아니다. 이를 뒷받침하는《상군서》〈수권〉의 해당 구절이다.

포상은 후하면서 신뢰성이 있어야 하고, 형벌은 엄중하면서도 반드시 실시돼야 한다. 포상할 때 관계가 소원한 사람들을 빠뜨리지 않는 부실소원不失疏遠을 행하고, 형벌을 내릴 때 친근한 사람을 피하지 않는 불위친근不違親近을 행해야 한다. 신하가 군주를 덮어 가리지 않고,

아랫사람이 윗사람을 속이지 않는 이유다.

포상의 내용을 두텁게 하는 후상은 포상을 신중히 하는 소상과 불가분의 관계를 맺고 있다. 포상을 남발하면 사람들이 아무리 후상을 실행할지라도 이를 천시하게 된다. 중벌과 함께 소상을 역설한 것은 말할 것도 없이 농전의 효과를 극대화하기 위한 것이다. 《상군서》〈상형〉의 다음 대목이 이를 뒷받침한다.

포상의 통일은 이익과 녹봉, 관직, 작위 등을 오로지 전공 한 가지에만 근거해 수여하는 것을 말한다. 전공 이외의 다른 기준에 의한 시행은 없다. 그리하면 사람들 모두 마음속의 지혜를 다하고, 온몸을 내던져 일하고, 목숨을 돌보지 않고 적과 싸우는 등 군주를 위해 헌신한다. 휘하의 군사가 천하무적이 되고, 군주의 명이 천하에 널리 시행되는 이유다.

이는 명예와 권력을 추구하는 인간의 호명지심이 이익을 향해 달려가는 호리지성 못지않게 강력하다는 사실을 통찰한 결과다. 두터운 포상은 바로 호명지심을 적극 활용하려는 속셈에서 나온 것이다. 전공을 세우지 못한 자들을 고취하려는 속셈이다.《상군서》〈외내〉의 다음 대목이 이를 뒷받침한다.

포상이 후하고 형벌이 엄해야만 백성들이 전공에 따른 후한 포상에 이끌려 죽음을 무릅쓰고 싸우고, 전쟁에 참여하지 않은 데 따른 형벌의 치욕을 떨치기 위해 구차하게 사는 것을 고통으로 여긴다. 두터운 포상은 백성들로 하여금 죽음도 두려워하지 않게 만들고, 형벌은 구차한 삶을 고통으로 여기고, 요사한 도리인 음도淫道 또한 근절된다. 연후에 이런 백성들을 이끌고 적과 싸우면 이는 마치 1만 근도 더 나가는 쇠뇌를 갖고 바람에 나부끼는 나뭇잎을 쏘는 것과 같다. 어찌 적을 격파하지 못할 리 있겠는가.

상앙이 공개적이고도 대대적인 포상을 역설한 이유가 여기에 있다. 죄를 범한 자를 저자에서 처벌한 뒤 사방으로 그 시체를 내보이는 것도 같은 맥락이다. 일벌백계 차원이다. 두터우면서도 희소가치가 있는 포상으로 백성의 충성심을 적극 고취해 천하무적의 전사로 만들고자 하는 것이다. 《한비자》 〈칙령〉은 상앙의 주장을 그대로 실어놓았다.

형벌을 무겁게 하고 포상을 남발하지 않는 중벌소상은 군주가 백성을 사랑하는 길이다. 그리하면 백성은 상을 받기 위해 목숨마저 바친다. 포상을 남발하고 형벌을 가볍게 하는 다상경벌多賞輕罰은 군주가 백성을 사랑하는 길이 아니다. 그리하면 백성은 목숨을 내걸고 상을 받을 필요를 전혀 느끼지 못하게 된다. 형벌을 시행하면서 가벼운 죄를 무겁게 처벌하면 가벼운 죄를 범하는 자도 없게 될 뿐만 아니라 중범죄를 범하는 경우 또한 없게 된다. 이를 일컬어 형벌을 무겁게 하여 형벌 자체를 제거하는 이형거형以刑去刑이라고 한다.

한비자의 법치사상에 가장 큰 영향을 끼친 인물이 바로 상앙이라는 사실을 알 수 있다. 사상사적으로 볼 때 상앙과 한비자가 공히 법치의 핵심으로 거론한 '중벌소상'은 원래《관자》〈법법法法〉에서 나온 것이다. 관련 대목이다.

> 군주가 백성들의 작은 잘못을 사면하면 백성들은 중죄를 많이 범하게 된다. 이는 작은 잘못을 많이 쌓았기 때문에 생겨나는 것이다.

관중은 〈법법〉에서 비록 백성을 천하무적의 전사로 만드는 효과를 언급하지는 않았으나 이형거형의 차원에서 중벌소상의 효과를 언급하고 있다. 상앙은 〈법법〉의 기본 취지를 한 발 더 확장한 셈이다. 궁극적인 목표인 승전을 이루고자 하는 취지다. 상앙의 법치주의가 승전勝戰의 기본 전제로 구성된 배경이 여기에 있다.

고금을 막론하고 국가든 기업이든 모든 공동체의 흥망은 결국 인재의 확보와 활용 여부에 달려 있다. 핵심 인재를 확보하기 위해서는 반드시 파격적인 포상은 물론 밝은 미래에 대한 비전을 제시해야 한다. 삼국시대 같은 난세에는 큰 공을 세운 자에게 전답과 주택, 포백布帛 등을 포상으로 내리면서 동시에 열후列侯 등의 작위까지 주었다. 말할 것도 없이 모든 군사들을 독려하기 위한 것이었다. 공동체 역시 마찬가지다. 모든 구성원을 독려해 공동체의 목표를 향해 일로매진하기 위해서는 반드시 '중벌소상'에 입각한 신상필벌의 원칙을 관철할 필요가 있다.

· 6 ·

적의 허는 곧 나의 실, 적의 실은 곧 나의 허

· **기정병용**奇正并用 ·

송양공의 어리석음

공자사상을 관통하는 키워드는 '인仁'이다. 공자는《논어》에서 다양한 방식으로 인을 설명한다. 전쟁터에서마저 인을 강조하지는 않았다. 국가 존망이 걸린 까닭에 인을 구현할 길이 없다. 공자는 단지 백성을 충분히 훈련시켜 전쟁터에 내보내는 식으로 인을 구현하고자 했을 뿐이다.

고금을 막론하고 부득불 무력을 동원해 접전해야 하는 상황에서는 수단과 방법을 가리지 말고 승리를 거둬야 한다. 국가 존망이 걸려 있기 때문이다. 생사를 가르는 접전이 벌어진 마당에 인의 등의 도의는 돌아볼 여지가 없다. 무조건 승리를 거둬야 하는 이유다. 송양지인宋襄之仁이 비웃음을 사는 이유기도 하다.

춘추시대에 송나라는 나름 강력한 제후국에 속했다. 송양공은 사상 첫 패업을 이룬 제환공 사후 그 뒤를 이어 제2의 패자가 되고자 했다. 그러나 이는 그의 욕심이었다. 남방의 강국인 초나라가 이를 용납하지 않았다. 기원전 638년 봄 3월, 정문공이 초성왕을 만나기 위해 초나라로 갔다. 이때 정나라에 원한을 품고 있던 송양공이 일부 제후들의 군사와 합세해 정나라를 치려고 하자 내치를 담당하던 공자 목이目夷가 간했다.

"초나라와 정나라는 가깝습니다. 만일 우리가 정나라를 치면 반드시 초나라가 구원하러 올 것입니다. 이번에 대군을 이끌고 갈지라도 정나라를 이기기는 어렵습니다. 힘을 길러 때를 기다리느니만 못합니다."

그러나 송양공은 듣지 않았다. 이해 여름, 송양공이 허許와 등滕의 소국 군주와 함께 연합군을 결성해 정나라를 쳤다. 정문공이 초성왕에게 도움을 청하기 위해 직접 초나라로 가자 초성왕이 이내 좌우에 명해 군사를 이끌고 가 송나라를 치게 했다. 같은 해 겨울 11월, 마침내 양측 군사가 지금의 하남성 자성현 서북쪽에 있는 홍수泓水 일대에서 충돌했다. 초나라 군사가 배를 타고 도강하자 군사를 지휘하는 대사마大司馬 공손 고固가 간했다.

"저들은 병력이 많고 우리는 적습니다. 저들이 반쯤 건너왔을 때 공격하면 우리가 이길 수 있습니다. 만일 저들이 모두 상륙하게 되면 중과부적으로 당하기 어렵습니다. 그러니 저들이 아직 물을 다 건너지 못했을 때 공격해야 합니다."

송양공이 반대했다.

"과인은 진을 펴고 당당히 싸울 뿐이오. 어찌 적이 반쯤 건너오는 것을 칠 수 있겠소!"

초나라 군사들은 삽시간에 강을 건너왔다. 그러나 아직 진형이 갖추어지지 않은 상태였다. 공손 고가 또다시 간하자 송양공은 화를 냈다.

"그대는 어찌하여 일시적인 이익만 탐하고 만세의 인의를 모르는 것이오?"

그러고는 초나라 군사가 진형을 다 갖추길 기다렸다가 공격했다. 송양공이 직접 군사를 지휘하여 초나라 진영 쪽으로 진격해 들어갔다. 공손 고가 그 뒤를 바짝 뒤쫓으며 송양공의 병거를 호위했다. 싸움 도중 송양공은 오른쪽 넓적다리에 화살을 맞고 힘줄이 끊어지는 큰 부상을 입었다. 송양공을 시위하던 군사들은 초나라 군사와 접전하다 모두 전사했다. 공손 고가 급히 달려가 송양공을 부축해 자신의 병거에 태운 뒤 좌충우돌하며 포위망을 뚫고 나갔다. 송나라 군사들이 그 뒤를 쫓아 일시에 퇴각하자 초나라 군사가 급히 뒤쫓았다. 결국 송나라는 대패하고 말았다. 사가들은 이를 홍수지역泓水之役이라고 부른다. 여기서의 '역'은 전쟁을 뜻한다.

홍수에서의 패배 소식이 전해지자 전사한 송나라 병사들의 가족들이 궁궐 밖으로 몰려와 대성통곡하며 송양공을 원망했다. 송양공은 이들의 통곡과 원망 소리를 듣고도 이같이 말했다.

"군자는 부상당한 적을 죽이지 않고, 반백斑白이 된 늙은 적군을 포획하지 않는 법이다. 옛날 용병의 도리는 적이 불리한 상황에 처한 것으로써 승리를 도모하지 않았다. 과인은 비록 패망한 은나라의 후손이기는 하나 대열을 다 이루지 못한 적을 향해 진격을 명할 수는 없었다!"

이 소문을 들은 백성들은 하도 기가 막혀 송양공을 크게 비웃었다. 어리석은 사람의 잠꼬대 같은 명분론을 뜻하는 성어 송양지인이 나오게 된 배경이다. 더 황당한 것은 전국시대 말기에 활약한 맹자가 송양지인을 높이 평가한 데 이어, 맹자를 추종한 성리학자들은 송양공을 춘추5패春秋五霸의 일원으로 간주하면서 송양지인을 기린 점이다. 전쟁 상황에서마저 덕치에 입각한 왕도를 행했다는 이유다. 허위 의식의 극치가 아닐 수 없다.

국공내전 당시 장제스는 전쟁 와중에 시간을 쪼개 고향인 절강성 봉화현과 인근에 위치한 학교 교직원 및 학생들을 상대로 강연을 했다. 1944년에는 한 해 동안 무려 41회에 달했다. 그는 강연에서 유교적 덕목인 인의를 역설했으나 아무 효과가 없었다. 내심 마오쩌둥에 비해 도덕적으로 우위를 점한다고 생각했을지는 모르나 이는 송양지인에 지나지 않았다. 실제로 마오쩌둥은 장제스의 이런 행보를 두고 송양지인 운운하며 비웃었다. 그는 국공내전 중에 펴낸《지구전론》에서 송양지인을 이같이 평했다.

> 우리는 송양공이 아니다. 전쟁에서 자비와 정의, 도덕 등을 생각해 가책을 받을 필요는 없다. 승리를 얻기 위해서는 적을 장님으로 만들고,

귀머거리로 만드는 데 최선을 다해야 한다. 의도적으로 적을 착각하게 만들어 불의의 공격을 가하는 것이 싸움에서 주도권을 장악하는 방법이다. 동쪽을 칠 듯이 행동하면서 서쪽을 치는 성동격서聲東擊西가 적을 착각하게 만드는 길이다.

《손자병법》은 속임수를 두려워하지 않는다고 했다. 불의의 공격은 무엇을 말하는가? 준비가 없었다는 변명에 지나지 않는다. 병력이 우세할지라도 준비가 없다면 참다운 우세가 아니고, 싸움의 주도권도 장악할 수 없다. 비록 병력이 열세할지라도 준비만 잘 갖추면 불의의 공격을 가해 우세한 적군을 격파할 수 있다.

동서고금의 전쟁사를 통틀어 존망이 걸린 결정적인 전투에서 송양지인으로 승리를 거둔 적은 단 한 번도 없다. 그럼에도 성리학자들은 송양공을 춘추5패의 일원으로 간주했다. 남송대 사대부들은 전쟁을 이런 식으로 접근하는 바람에 요나라와 금나라의 압박을 받고 남쪽에서 잔명을 이어가다가 이내 몽골 원나라에 패망하고 말았다.

열국이 하루가 멀다 하고 전쟁을 벌이던 춘추전국시대에는 오직 무력이 강한 자만이 살아남을 수 있었다. 송양지인을 기리는 것은 호랑이에게 고깃덩이를 던지는 것이나 다름없다. 치세와 난세의 치국평천하 이치가 다르게 작동한다는 사실을 전혀 깨닫지 못한 어리석음의 극치다. 열국의 제후들이 맹자의 유세를 들을 때마다 외양상 경청하는 모습을 보이면서도 내심 귓등으로 흘려들은 것도 이 때문이다.

《손자병법》의 최고 주석자들

《손자병법》〈병세〉는 부득불 무력을 동원했을 때 사용하는 용병의 대원칙으로 상황에 따라 기병奇兵과 정병正兵을 적절히 섞어 쓰는 기정병용奇正并用을 제시하고 있다. 이는《주역》의 음양론을 차용한 것이다. 정正은 밝게 드러내는 양陽, 기奇는 속으로 감추는 음陰에 해당한다. 〈병세〉의 해당 대목이다.

적과 맞부딪쳐 치열한 접전을 벌이면서도 반드시 패하지 않도록 하는 비결은 기병과 정병을 적절히 섞어 쓰는 기정병용에 있다. 전쟁에서는 먼저 정병으로 적과 맞서고 기병으로 승부를 결정짓는다. 기병을 잘 쓰는 장수의 용병은 마치 하늘과 땅처럼 무궁하고, 강과 바다처럼 마르지 않는다. 전세는 기병과 정병 두 가지에 불과하나 그 변화가 만들어내는 전략전술은 실로 다 헤아릴 수 없다. 기병과 정병이 서로 뒤섞여 만들어내는 변화가 마치 둥근 고리처럼 끝이 없으니 과연 누가 능히 이를 다 헤아릴 수 있겠는가.

기정병용 전술은《손자병법》을 관통하는 기본 전술인 임기응변과 동전의 양면 관계를 이루고 있다. 기본 취지는《도덕경》 제57장의 다음 구절에서 나온 것이다.

올바름을 내세우는 계책인 정책正策으로 나라를 다스리고자 하면 끝내 기이한 술책인 기책奇策으로 용병하는 지경에 이르게 된다. 인위적인 유위有爲로 일을 만들지 않는 무사無事한 다스림을 통해야만 천하를 손에 넣을 수 있다.

《손자병법》이 말하는 병도와 전술 및 전략 모두 《도덕경》에 뿌리를 두고 있다. 병도와 전략 및 전술은 구슬을 하나로 꿴 것과 같아 따로 나눠 볼 수 있는 게 아니다. 총론과 각론의 관계와 같다. 《손자병법》〈시계〉에서 역설했듯이 병법에서 거론하는 모든 전략전술이 상대방을 속이는 궤도로 요약되는 이유다.

문제는 기병과 정병을 과연 실전에서 어떤 비율로 섞어 써야 과연 궤도가 주효할 수 있는가 하는 점이다. 이에 대해 합의된 이론은 없으며 지금까지도 의견이 분분하다. 그만큼 어렵다는 얘기다. 지금까지 나온 여러 견해를 종합하면 크게 세 가지로 요약할 수 있다.

첫째, 기선을 제압하기 위해 먼저 싸움에 나서는 것을 정, 가장 적절한 기회가 올 때까지 기다렸다가 싸움에 나서는 것을 기로 보아야 한다는 선정후기先正後奇다. 둘째, 정면에서 싸우는 것이 정, 측면에서 공격하는 것이 기라는 면정측기面正側奇다. 셋째, 정규전에 해당하는 원칙적인 용병이 정, 비정규전에 해당하는 변칙적인 용병이 기라는 원정변기原正變奇다. 이들 견해 모두 기정병용의 이치를 다른 말로 풀이해놓은 것에 지나지 않는다.

객관적으로 볼 때 현재까지 기정병용의 오묘한 이치를 가장 그럴듯하게 풀이한 사람은 조조와 마오쩌둥밖에 없다. 조조는 《손자병법》 원문에 나오는 전술이 자신의 실전 경험과 차이가 날 경우 주석에서 실전 경험을 토대로 한 새로운 이론을 과감히 전개했다. 조조가 역대 수많은 주석가들과 근본적인 차이가 나는 대목이다. 조조를 빼고는 이론과 실제를 종합해 나름대로의 병법 이론을 제시한 사람이 수천 년 동안 거의 존재하지 않았다. 그는 구체적인 예로 여포의 포획 사례를 들었다. 〈모공〉에 대한 주석이 그 증거다.

> 적과 아군의 병력 차이가 열 배가 되어야 포위할 수 있다는《손자병법》의 전술 이론은 적과 아군의 장수가 지략과 용맹에서 거의 같고 병사의 사기와 무기가 거의 비슷한 경우에 통하는 것이다. 만일 수비하는 적이 약하고 공격하는 아군이 강한 소위 주약객강主弱客强 상황일 때는 병력이 열 배까지 차이 나지 않아도 된다. 나는 단지 두 배의 병력만으로 하비성을 포위해 저 용맹하기 그지없는 여포를 사로잡았다!

조조가《손자병법》의 가르침과 다른 방식으로 최고의 무용을 자랑하던 여포를 생포한 사실을 얼마나 자랑스럽게 여겼는지를 짐작할 수 있다. 그러나 주의할 점은 단순히 주약객강 조건만 맞으면 두 배의 우세한 병력으로 적장을 포획할 수 있는 게 아니라는 점이다. 조조는 그 이유를 이같이 설명해놓았다.

> 병력 차이가 두 배 정도면 군사를 둘로 나눠 앞뒤에서 정병과 기병을 함께 써야 한다.

조조가 여포를 포획한 비결이 바로 기정병용의 용병술에 있음을 보여준다. 조조는 여포를 사로잡을 때 수공을 통한 정병을 구사하면서 반간계 등을 포함한 기병을 동시에 구사했다. 《손자병법》의 전술 이론을 수정한 것이나 다름없다. 이것이 《손자병법》을 읽을 때 반드시 조조의 주석을 참조해야 하는 이유다.

조조 이래 최고의 《손자병법》 주석가로 평가받는 마오쩌둥 역시 이 병서의 전략전술 이론을 토대로 새로운 유형을 만들어냈다. 실제로 그는 조조를 흉내 낸 여러 병법 이론서를 펴냈다. 연안 시절에 나온 《모순론》과 《실천론》은 겉만 마르크시즘 이론서일 뿐 사실은 《손자병법》 주해서에 가깝다. 1939년 2월 '자력갱생'과 '생산투쟁'을 역설하며 동굴 앞에 있는 작은 텃밭을 가꾸어 담배를 재배한 게 대표적인 실례다. 《손자병법》의 군량 자급 원칙을 차용한 것이다. 지휘관의 자질과 조건을 언급한 다음 대목은 《손자병법》의 임기응변 원칙을 변용한 것이다.

> 군사 지도자는 물질적인 조건이 허용되는 범위 내에서 승리를 쟁취할 수 있고 또 반드시 그래야만 한다. 본인이 하기에 따라서는 객관적 조건 위에 설정된 무대에서 다채롭고 웅장한 활극을 공연할 수 있다. 전쟁이라는 큰 바다 속에서 자유자재로 수영할 줄 아는 지휘관은 자신의 몸을 물속에 가라앉히지 않고 능히 건너편 해안에 이르게 해야 한다. 전쟁의 지도 법칙은 곧 수영하는 기술과 같다.

여기서의 '수영 기술'이 주변의 상황 변화에 따라 재빨리 변신해 승리를 거두는 임기응변의 전술을 달리 표현한 것임은 말할 것도 없다.

그가 전략적 퇴각을 매우 중시한 이유가 여기에 있다. 동서고금의 전례에 비춰 제때 퇴각이 이뤄지지 못할 경우 참패로 이어질 수밖에 없다. 기정지병이 필요한 이유다.

마오쩌둥이 창안한 기정병용의 대표적인 사례로 현대 게릴라전의 금언으로 인용되는 '16자결十六字訣'을 들 수 있다. 내용은 간단하다. 첫째, 적진아퇴敵進我退다. 적이 진격하면 나는 퇴각한다. 둘째, 적주아요敵駐我擾다. 적이 주둔하면 나는 교란한다. 셋째, 적피아타敵疲我打다. 적이 피로하면 나는 공격한다. 넷째, 적퇴아추敵退我追다. 적이 퇴각할 때 추격한다는 뜻이다.

16자결은 전력이 절대적으로 열세에 놓인 측이 구사하는 가장 효과적인 전법이라고 할 수 있다. 실제로 홍군이 막강한 전력의 국민당 정부군의 공세에도 괴멸하지 않고 버틸 수 있었던 것도 16자결을 충실히 따른 덕분이다. 조조와 마오쩌둥 두 사람 모두 전쟁터에서 평생을 보내며 쉬지 않고 병법을 연구한 덕분에 이런 뛰어난 전술을 만들어낼 수 있었다.

적과의 동침

외교와 군사는 불가분의 관계를 맺고 있다. 흔히 외교가에서 '적과의 동침'을 자주 언급한다. 영원한 적도, 우방도 없다는 뜻이다. 1972년 중국이 이른바 '핑퐁외교'를 통해 수십 년 동안 적대국으로 지낸 미국과 손을 잡고 같은 공산권 국가인 소련을 견제한 게 대표적이다. 《손자병법》은 이를 오월동주嗚越同舟로 풀이해놓았다. 같은 배에 탄 사람들이 서로 다른 생각을 품고 있음에도 배가 전복되는 위기 상황에는 힘을 모은다는 뜻이다. 이 또한 기정병용의 일환으로 나온 것이다. 〈구지〉의 해당 대목이다.

> 용병에 능한 장수는 마치 솔연率然처럼 병사를 지휘한다. 솔연은 항산恒山에 있는 뱀의 이름이다. 그 뱀은 머리를 치면 꼬리가 달려들고, 꼬리를 치면 머리가 달려들며, 허리를 치면 머리와 꼬리가 함께 달려든다. 누군가 '군대도 솔연처럼 움직일 수 있는가?' 라고 물으면 나는 '가능하다' 고 답할 것이다. 무릇 오나라와 월나라 사람은 서로 미워하는 사이다. 그러나 그들은 같은 배를 타고 강을 건너던 중 풍랑을 만나자 한 몸에 있는 양손처럼 서로 도와 살아났다.

중국 역사상 가장 유명한 오월동주는 20세기 초에 빚어진 국공합작이다. 이는 장제스의 패퇴와 마오쩌둥의 천하 장악으로 귀결됐다. 결정적인 빌미는 장쉐량(張學良)이 장제스를 가두는 1936년 12월의 소위 시안 사건에서 촉발했다. 당초 장제스에게 궤멸적인 타격을 입고 패주를 거듭한 홍군은 악전고투 끝에 1935년 말 간신히 섬서 북부로 들어갈 수 있었다. 장제스는 일본군에게 동북 3성을 잃고 1년 동안 유럽으로 망명차 떠났던 장쉐량이 귀국하자마자 '서북초비부사령西北剿匪副司令'에 임명해 홍군을 토벌하게 했다.

당시 장쉐량이 이끌고 온 동북군은 일본군에 대한 적개심에 불탔고 연안의 홍군에 대해서는 특별한 감정이 없었다. 이를 탐지한 홍군이 먼저 선수를 쳤다. 홍군은 대장정 끝에 섬서성에 도착한 이듬해인 1936년 1월 5일 마오쩌둥과 저우언라이(周恩來) 등 공산당 수뇌부 20여 명의 명의로 '동북군 전 장교와 사병에게 보내는 글'을 발표했다. 골자는 이렇다.

> 중국 소비에트 정부와 홍군은 모든 무장 항일세력과 연합군을 결성해 일본 제국주의자와 전면전을 벌이고자 한다. 우리는 우선 동북군과 뜻을 같이해 중국 전 인민의 항일투쟁에 선봉이 될 것이다.

그러고는 동북67군과 항일투쟁 협력 관계를 맺었다. 이해 4월 9일 저우언라이가 은밀히 연안으로 장쉐량을 찾아가 구국을 위한 연합군 결성 방안을 논의했다. 이는 장쉐량을 국공합작의 선도자로 끌어들이는 결정적인 계기로 작용했다. 당시 섬서성과 감숙성 일대는 국민당 군대에 포위돼 있었던 까닭에 장쉐량이 마음만 먹었다면 홍군을 완전히 궤멸할 수도 있었다. 그러나 역사는 홍군의 손을 들어주었다. 장제스가 시안 사건을 계기로 부득이 제2차 국공합작의 오월동주에 올라탔다가 끝내 패망하게 된 단초가 여기에 있다고 해도 과언이 아니다.

그해 12월 4일 시안으로 온 장제스는 동북군이 연안의 홍군 본거지를 즉각 공격하지 않을 경우 중앙군을 투입할 뜻을 밝혔다. 이 일로 장쉐량은 무력시위로 주군에게 간하는 이른바 병간兵諫을 결심하게 되었다. 12월 12일 새벽, 동북군 소속 장교들이 장제스의 숙소를 덮쳤다. 장제스는 황급히 창문을 넘어 도주했으나 이내 붙잡히고 말았다.

저우언라이와 마오쩌둥은 이 소식을 듣고 환호했다. 이때 장제스의 석방을 주문하는 스탈린의 전문이 날아들었다. 일본군을 중국에 묶어두려는 속셈이었다. 마오쩌둥과 저우언라이 모두 스탈린의 속셈을 잘 알고 있었다. 스탈린의 주문을 충족시키면서 최대한 얻을 수 있는 것을 얻어야만 했다. 장쉐량으로 하여금 소련 측의 주문에 동의하도록 만드는 게 결코 쉬운 일이 아니었다. '협상의 명수' 저우언라이가 나섰다. 그는 시안으로 출발하기에 앞서 홍군 수뇌부에 자신이 장쉐량에게 어떤 태도를 취하라고 강요할 수는 없다는 점을 미리 밝혀두었다.

"어떻게 할 것인가를 우리가 독자적으로 결정할 수는 없다. 우리는 그의 태도를 고려해야 한다."

장제스를 죽일 경우 이는 일본만 좋은 일을 시켜주는 꼴이 된다. 어떻게 해서든 시안 사건을 최대한 활용해 국공합작을 성사시켜야만 했다. 저우언라이는 장제스를 만나 정중히 말했다.

"저는 장 선생님의 제자입니다. 우리가 일본에 맞서 함께 싸우는 한 선생님이 어떤 지시를 내려도 우리는 기꺼이 따를 것입니다."

"우리가 지금 서로 싸우는 동안에도 나는 자주 그대를 생각했네. 나는 내전 중에도 그대가 나를 잘 보필해주었다는 것을 잊지 않았네. 우리가 다시 손잡고 일할 수 있기를 바라네."

회담이 끝난 후 저우언라이가 마오쩌둥에게 전문을 보냈다.

'장제스가 저에게 향후 공산당에 대한 탄압을 중지할 것이고, 홍군과 협력해 일본군을 물리칠 것이라고 말했습니다. 지금까지의 상황으로 판단하건대 장제스의 태도에는 분명 변화가 있습니다.'

그해 12월 25일 장쉐량이 마침내 장제스를 석방했다. 이런 우여곡절 끝에 마침내 제2차 국공합작이 성사됐다. 국민당군에 편입된 홍군은 이후 지지 기반 확충에 모든 역량을 기울였다. 일본이 연합군에 항복할 즈음 홍군의 숫자는 무려 120만 명 정도로 늘어났다. 국민당 정부군 430만 명에 비하면 턱없이 부족한 수였으나 내용 면에서 보면 자웅을 겨룰 만했다. 실제로 본격적인 국공내전이 벌어지면서 이 숫자는 무의미하다는 사실이 이내 드러났다.

장제스로서는 부득불 오월동주에 올라탔다가 천하를 잃는 참패를 당한 셈이다. 장제스 군은 대만으로 퇴각할 때 장쉐량을 끌고 갔다. 장쉐량은 50여 년 동안 연금을 당했으나 천수를 누렸다. 그는 죽기 전까지 시안 사건에 대해 나름 자부심을 갖고 있었다. 실제로 오늘날 중국 학계에서는 그를 긍정적으로 평가하는 목소리가 높다. 중국이 G2의 일원이 될 수 있었던 것은 홍군이 대륙을 석권했기에 가능했고, 이는 시안 사건이 결정적인 계기로 작용한 덕분이라는 식의 주장이 그렇다.

허허실실의 오묘함

《성경》〈사무엘 상〉 17장을 보면 애송이 다윗이 거인 골리앗을 제압한 얘기가 나온다. 상식적으로는 있을 수 없는 일이지만 불가능한 것도 아니다. 당시 다윗은 주변 사람들을 통해 골리앗의 치명적인 급소가 투구 밑의 이마라는 사실을 알아냈다. 성경은 이를 장황하게 설명했지만 병법의 논리에서 보면 크게 이상할 것도 없다. 산이 높을수록 계곡이 깊듯이 강하면 강할수록 약점은 치명적이기 마련이다.《손자병법》은 이를 '선택과 집중'의 문제로 풀이한다. 바로 아전적분我專敵分이다. 〈허실〉의 해당 대목이다.

> 적의 실상을 드러나게 하고 아군의 실상이 드러나지 않게 하면 아군 병력은 한곳으로 집중되고 적은 열 곳으로 분산된다. 아군 병력이 한 곳으로 집중되고 적이 열 곳으로 분산되면 곧 열 명이 한 명을 공격하는 것과 같다. 결국 아군은 다수, 적은 소수가 된다. 다수인 아군이 소수인 적을 치는 것이니 아군은 얼마 안 되는 적과 맞서 싸우는 셈이다. 적의 병력이 아무리 많을지라도 그들로 하여금 모든 역량을 기울여 아군과 싸우지 못하도록 만드는 게 요체다.

《손자병법》〈허실〉은 이를 이른바 허허실실虛虛實實의 논리로 설명한다. 많은 사람들이 이를 두고 '실實을 피하고 허虛를 찌른다'고 풀이하나 이는 반만 맞는 말이다. 기본 취지는 허와 실을 뒤섞어 상대방을 혼란스럽게 만드는 데 있다.

이 허허실실의 의미를 정확히 파악한 대표적인 인물은 당태종 이세민이다. 그 역시 조조 못지않은 당대 최고의 병법가였다. 명장 이정李靖과《손자병법》을 포함한 역대 병서의 특징을 깊숙이 검토한 게 그 증거다. 이들의 문답을 정리해놓은 것이 바로《당리문대唐李問對》이며 크게 상 · 중 · 하 세 권으로 되어 있다. 중권의 첫머리에《손자병법》의 허허실실을 논한 다음 대목이 나온다.

하루는 태종이 이정에게 물었다.

"짐은 여러 병서를 두루 보았으나《손자병법》을 벗어나는 게 없었고, 《손자병법》열세 편 모두 〈허실〉은 벗어나지 않았소. 용병하는 자가 허실의 전세戰勢 이치를 잘 알면 이기지 못하는 경우가 없소. 오늘날 여러 장수들은 적의 실을 피하고 허를 쳐야 한다고 말하나 막상 실전에서 적과 부딪치면 허실의 형세를 제대로 이해하는 자가 매우 드무오. 이는 대개 적을 유인해 아군의 사정권에 두지 못하고 오히려 유인을 당해 주도권을 빼앗긴 탓이오. 이를 어찌 생각하오? 경이 여러 장수를 위해 그 요체를 설명해주시오."

이정이 대답했다.

"장수들에게 이를 가르치고자 할 경우 우선 기병과 정병이 서로 변화하는 전법을 가르치고, 이어 허실의 전세를 가르치는 게 옳을 것입니다. 장수들 대부분은 기병으로 정병을 삼고, 정병으로 기병을 삼는 이치를 모르고 있습니다. 그러니 어찌 적의 '허'가 도리어 '실'이고, '실'이 도리어 '허'라는 것을 알 수 있겠습니까?"

카를 폰 클라우제비츠의《전쟁론》처럼 매사를 이분법적으로 접근하는 서양의 방식으로는 허허실실의 묘리를 파악하기가 어렵다. 섬멸을 최고의 승리로 간주한 탓이다. 실전에서는 다윗과 골리앗의 싸움을 찾아보기 힘들다. 자신의 약점을 철저히 방비하고 싸움에 임하기 때문이다. 골리앗이 투구 밑의 이마를 가리기만 했어도 다윗의 승리는 상상할 수조차 없다. 이런 싸움이 가능한 것은 우세한 상대방이 자만에 빠졌기 때문이다. 골리앗이 자만에 빠지지만 않았어도, 상대가 아무리 애송이일지라도 이마를 가린 투구를 쓰고 싸움에 임했을 것이다.

주목할 것은 다윗이 싸움에 임할 때《손자병법》이 역설한 허허실실을 구사한 점이다. 애송이의 모습 자체로 나선 게 허허실실을 구사한 것이나 다름없다. 이게 골리앗의 방심을 불러왔고, 결국 애송이 다윗의 승리로 귀결됐다. 허허실실의 요체가 여기에 있다. 적을 착각에 빠뜨려 방비를 허술하게 만든 뒤 치명적인 약점을 집중 공략하는 게 바로 그것이다.

관건은 선택과 집중이다. 1798년 5월 나폴레옹이 '내 사전에 불가능은 없다'며 직접 6만 대군을 이끌고 눈 덮인 알프스 산을 넘어가 이탈리아 주둔군을 포위 공격하던 오스트리아군을 역으로 포위해 궤멸한 게 그 실례다. 당시 그는 부하들이 소수의 병력으로 승리를 거둔 것을 칭송하자 이같이 반박했다.

"맞는 말이다. 우리는 전체 병력에서 늘 소수였다. 그러나 적과 만나는 접점에서만큼은 빠른 진군 속도로 늘 적보다 많은 병력을 투입할 수 있었다. 나는 언제나 다수를 가지고 소수를 이겼다."

· 7 ·

이기고 싶다면, 허허실실하라

· **병귀신속**兵貴神速 ·

속전속결, 궁극의 병도

고금을 막론하고 전쟁은 신속히 마무리 지어야 한다. 그 폐해가 너무 크기 때문이다. 《논어》 〈술이〉를 보면 공자가 전쟁을 신중히 대했음을 확인할 수 있다.

공자가 평소 신중히 다룬 것은 재계齋戒와 전쟁, 질병이었다.

'재계'는 종묘제례와 같은 국가의식을 말한다. 의식을 올리기 전에 반드시 몸과 마음을 깨끗이 하고 부정한 일을 멀리해야 한다. 그렇지 않을 경우 사직의 기강이 무너지기 때문이다. 여기서의 '질병'은 돌림병을 말한다. 돌림병은 전염성이 강한 까닭에 신중한 섭생과 몸조리가 필수다. 공자가 전쟁을 신중히 대한 것은 그 폐해가 재계 및 질병 못지않게 심각했기 때문이다.《손자병법》〈시계〉에도 같은 내용이 나온다.

병자兵者는 국가의 중대사인 국지대사國之大事다. 백성의 생사 및 국가의 존망과 직결돼 있는 까닭에 깊이 생각지 않을 수 없다.

'병자'는 곧 전쟁을 뜻한다. 원래《손자병법》에 나오는 병은 병법·장병·병사·무기·군대·전투·전쟁·전략·전술·군사 등 다양한 의미로 사용된다. 〈시계〉의 첫머리에 나온 병은 전쟁의 의미로 사용된 것이다.

'국지대사'는 매우 중대한 국사國事의 뜻으로, 종묘제사와 전쟁을 의미한다. 〈노성공 13년〉 조에 따르면 기원전 578년 3월, 제후들이 낙양으로 가 천자를 조현했다. 조현이 끝나자 이들은 왕실의 대신 유강공劉康公과 성숙공成肅公을 좇아 진여공晉厲公과 회동한 뒤 함께 군사를 이끌고 가 서쪽 진秦나라를 쳤다. 당시 성숙공은 사직 앞에서 출병을 고하는 제사를 지낸 뒤 제사 지낸 음식인 제육祭肉을 받는 자세가 불경스러웠다. 유강공이 말했다.

"군자는 예를 지키는 데 힘쓰고, 소인은 생산하는 데 힘쓴다. 예를 지키는 것으로 공경을 다하는 것보다 나은 게 없고, 생산에 힘쓰는 것으로 성실한 것보다 나은 것이 없다. 공경을 다하는 관건은 신령을 모시는 데 있고, 성실한 모습을 보이는 관건은 본분인 생업을 지키는 데 있다. 국가대사는 종묘제사와 전쟁이다. 종묘제사를 지낼 때는 제육을 나눠주는 의식을 행하고, 출병할 때도 제육을 나눠 받는 의식을 행한다. 이는 사직의 신령과 교신하기 위한 큰 예절이다. 지금 성숙공이 이를 게을리했으니 이는 자신의 명을 버린 것이다. 그러니 살아서 돌아오기가 어렵지 않겠는가?"

〈시계〉의 이 구절은 전쟁이 국가의 중대사임을 천명하고 있다. 고금을 막론하고 군주와 장수는 전쟁의 승패에 따라 백성의 생사와 국가 존망이 엇갈린다는 엄중한 사실을 숙지해야 한다. 이는《손자병법》이 단순한 병서가 아니라《논어》및《도덕경》과 마찬가지로 경세經世의 지략을 담은 통치 사상서임을 보여준다.

문제는 아무리 전쟁에 신중할지라도 적이 끝까지 싸움을 도발해올 경우다. 백성의 생사와 국가 안위를 위해 응전하지 않을 수 없다. 응전하는 이상 반드시 승리를 거둬야만 한다.《손자병법》은〈작전〉에서 이 문제를 집중 거론하고 있다. 핵심은 신속히 싸움을 매듭짓는 것이다. 이기는 경우는 말할 것도 없고 질 경우에도 신속히 마무리 지을 것을 주문한다. 해당 대목이다.

병법은 속전속결로 이기는 것을 귀하게 여기고, 길게 끄는 지구전을 천하게 여긴다(兵貴勝不貴久). 용병의 이런 이치를 아는 장수는 백성의 생사를 관장하고, 국가 안위를 좌우하는 주인공이다.

사실 전쟁은 아무리 우수한 병력과 군수 물자를 확보하고 있더라도 지구전으로 나아가면 이내 병력과 자원이 모두 고갈된다. 민력民力이 피폐해지는 것은 말할 것도 없다. 조조가 매번 신속계神速計를 중시한 이유다. 대표적인 사례로 오환족 정벌을 들 수 있다. 당시 조조는 오환족 정벌에 나서면서 큰 어려움을 겪은 나머지 철군하려 하자 곽가가 병귀신속을 거론하며 극구 만류했다.

"지금 우리는 천 리를 달려와 기습하기에는 치중이 많고 유리한 전기戰機를 잡기도 쉽지 않은 터에 적들은 이미 소식을 듣고 엄히 방비하고 있을 것입니다. 그러니 치중을 남겨둔 채 먼저 가볍게 무장한 병사들로 하여금 하루에 이틀 길을 달려 저들의 빈틈을 공격하느니만 못합니다."

조조는 곽가의 계책을 받아들인 덕분에 이내 오환족을 정벌할 수 있었다. 오환족 정벌은 이후 조조가 형주를 손에 넣는 배경이 됐다. 모든 병서가 병귀신속을 역설한 것은 지구전으로 나아갈 경우 나라의 병력과 자원이 모두 고갈되고, 설령 승리를 거두더라도 '상처뿐인 승리'에 지나지 않기 때문이다. 〈작전〉은 이같이 경계한다.

> 나라가 전쟁으로 인해 빈곤해지는 것은 군사를 멀리 보낸 뒤 군수품과 군량 등을 먼 거리까지 실어 보내기 때문이다. 장거리 수송으로 많은 인력과 물자가 소모되면 백성 또한 가난해질 수밖에 없다. 군수품의 긴박한 조달로 인해 생필품 가격까지 덩달아 치솟으면 백성은 이를 구입하기 위해 많은 비용을 치러야 하고 끝내 파산할 수밖에 없다. 백성의 재산이 고갈되면 국가는 더욱 급하게 요역徭役과 부세賦稅를

늘린다. 국력이 이내 소진되고 재정까지 바닥나 마침내 나라 안의 모든 집이 텅 비게 되는 이유다. 전쟁을 한 번 치르면 백성의 재산은 10분의 7이 허공으로 사라진다. 백성의 재산이 허공으로 사라지면 나라의 재정 또한 엄청난 타격을 입는다. 부서진 전차와 피로에 지친 말을 보충하고 투구나 갑옷, 활이나 쇠뇌, 창과 방패 등 갖가지 전투장비와 무기를 조달하고, 군수품 및 군량을 실은 커다란 수레와 이를 끄는 소가 모두 큰 손상을 입는 까닭에 재정의 10분의 6이 허비된다.

조조는 〈작전〉에 주석을 달면서 병귀신속을 이같이 풀이했다.

군사가 국경 너머로 출정하면 군수품 관련 물자가 모두 부족하게 된다. 악덕 상인들이 이를 구실로 생필품까지 매점매석해 물가가 치솟는다. 결국 백성들은 이를 구입하기 위해 가진 재산을 모두 써버리고 파산할 수밖에 없다. 《손자병법》에는 전쟁에서 이긴 뒤에 공을 세운 사람에게 나눠주는 포상금 등이 전비에 포함돼 있지 않다. 이를 합치면 전비는 더욱 늘어나게 된다. 지구전이 되면 전비가 천문학적으로 늘어나 아무 이익이 없다. 전쟁은 요원의 불길과 같다. 목적을 이룬 뒤 곧바로 거둬들이지 않으면 불길은 불씨가 스스로 꺼질 때까지 모든 것을 태워버린다.

삼국시대에는 모두 100여 차례의 크고 작은 전쟁이 잇따랐다. 조조는 거의 모든 삶을 전장에서 보냈다. 그는 이겼을 때나 졌을 때나 병귀신속의 원칙을 엄수했다. 특히 패했을 때는 신속히 결단해 철군하는 모습을 보였다.

조조는 관중의 장수가 형주의 유표와 손을 잡고 완성으로 진출해 허도를 기습하려고 하자 곧바로 여포에 대한 공격을 멈추고 군사를 돌렸다. 원소와 건곤일척의 관도대전을 벌일 때에도 속전속결로 대승을 거두었지만 곧바로 허도로 돌아왔다. 한마디로 말해 조조는 용병의 기본을 속전속결에 두고 있었다.

사마의, 면후와 심후의 달인

《손자병법》〈작전〉이 역설하는 것은 시간과 국가재정 및 민생의 상호관계다. 전쟁이 길어지면 길어질수록 국가재정과 민생은 피폐를 면치 못하게 된다. 동서고금의 모든 전쟁이 속전속결을 위주로 하는 이유다. 삼국시대에 병귀신속 작전으로 승리를 거둔 대표 사례로 사마의가 맹달을 친 일화를 들 수 있다. 사마의는 신성을 친 지 16일 만에 성을 공략하고 맹달의 목을 베었다. 그는 당시 조조와 필적할 만한 당대 최고의 전략가였다.

> 당시 맹달은 군사가 많지 않았으나 비축한 식량이 1년분이나 있었다. 우리 군사는 비록 맹달보다 네 배는 많았으나 비축한 식량이 1개월을 넘기기가 어려웠다. 1개월 식량을 가지고 1년분 식량을 가진 자를 도

모해야 하니 어찌 속전속결을 취하지 않을 수 있었겠는가. 병사 네 명이 적 한 명을 공격하는 셈이니 설령 군사의 반을 잃더라도 능히 적의 성을 공략할 수 있다면 가서 공격해야만 했던 것이다. 사상자를 계산에 넣지 않고 맹공을 퍼부은 이유다. 이는 식량을 가지고 적과 경쟁한 것이기도 하다.

당시 맹달과 긴밀한 교신을 하며 적극 지원에 나섰던 제갈량이 사마의의 적수가 될 수 없었음을 짐작하게 해주는 대목이다. 사마의 역시 조조와 마찬가지로 《손자병법》의 전략전술을 훤히 꿰고 있었다. 당초 조조는 사마의를 크게 경계하며 중용하지 않았다. 그의 눈매가 매가 먹이를 응시하듯 날카로웠던데다가 말을 할 때도 몸을 돌리지 않은 채 고개를 뒤로 돌리며 늘 주변을 경계하는 모습을 보였기 때문이다. 이는 관상학에서 말하는 응시낭고鷹視狼顧의 상으로, 장차 권력을 장악하게 되면 반역을 저지를 상이했다. 《삼국연의》를 보면 조조가 화흠에게 이같이 말한 대목이 나온다.

종달이 한중을 얻자마자 파촉을 취하자고 하는 것은 그의 관상이 응시낭고의 상인 것과 무관하지 않다. 이는 늘 매처럼 먹이를 가로채 먹으면서도 이리처럼 허기를 느끼는 상이라고 할 수 있다.

조조가 살아 있는 한 사마의는 한낱 모신謀臣에 지나지 않았을 것이다. 그러나 조조가 죽은 뒤 상황이 변했다. 조비와 조예가 사마의를 중용한 것이다. 사마의처럼 무략이 뛰어난데다 큰 뜻을 지닌 인물은 난세에 결코 자신보다 못한 인물의 신하로 남아 있기 어렵다. 사마의의 뛰어난 지략은 우금이 패해 관우의 포로가 되었을 때 다음과 같이 언급한 사실을 통해 쉽게 알 수 있다.

"우금 등의 패배는 작전의 실수에 따른 것이 아니기에 국가대계에 큰 손해를 끼친 것은 아닙니다. 관우의 득세를 손권은 반드시 원치 않을 것입니다. 사람을 보내 손권에게 관우의 후방을 견제하도록 권하면서 장강 이남을 떼어 열후에 봉하면 번성의 포위는 저절로 풀릴 것입니다."

사마의의 뛰어난 용병술은 맹달을 포획하는 데서 절정을 이뤘다.《삼국연의》는 제갈량이 북벌에 나서 농우를 빼앗은 직후 사마의가 맹달의 목을 벤 것으로 그려놓았으나 사실 맹달은 그 이전에 목이 달아났다. 제갈량의 1차 북벌 때부터 사마의를 제갈량의 상대로 묘사한 것 또한 사실과 다르다. 당시 사마의는 맹달의 목을 벤 뒤 곧바로 주둔지인 완성으로 돌아갔다. 사마의가 제갈량과 직접 부딪친 것은 제갈량의 5차 북벌 때부터다.

사마의는 조조와 달리 용병 때는 물론 평시에도 궤도를 무시로 구사했다. 리쭝우가《후흑학》에서 사마의를 면후와 심흑의 최고 달인으로 평가한 이유다. 궤도의 핵심은 허허실실이다. 상황에 따른 임기응변이 핵심이다. 사마의는 적을 제압하기 위해 취할 수 있는 모든 수단을 동원하여 필승지세必勝之勢를 만들어나갔다.

사마의가 구사한 전술이 상황에 따라 속도전과 지구전을 병용하는 변화무쌍한 모습으로 나타난 이유가 여기에 있다. 맹달의 목을 벨 때 사용한 전술은 전광석화와 같은 속도전이었다. 그러나 요동의 패자 공손연을 토벌하고 제갈량과 접전할 때에는 정반대로 지구전을 구사했다. 공손연을 토벌할 당시 여러 장수들이 이의를 제기하자 사마의는 이같이 말했다.

"전쟁이란 시종 변칙적인 병법을 쓰는 것이다. 정황이 다르면 작전 또한 달라져야만 한다. 지금 상대는 수가 많은데다가 날씨는 악천후로 비까지 내리고 식량 부족에 허덕이고 있다. 이때는 꼼짝도 하지 못하는 모습을 보여 상대방을 안심시키는 것이 상책이다. 눈앞의 이익에 끌려 덤비다가는 아무런 성과도 거두지 못하고 말 것이다."

허허실실의 묘리를 통달한 사람만이 할 수 있는 말이다. 공손연이 궤멸당한 것은 말할 것도 없다. 사마의가 구사한 지구전 술책은 제갈량과의 접전에서 절정에 달했다. 사마의는 두 차례에 걸친 제갈량과의 접전에서 시종 지구전을 구사했다. 공격하는 입장에 서 있던 제갈량은 결전을 서둘렀지만 번번이 사마의의 지구전에 좌절되고 말았다. 결국 제갈량은 6차 북벌 당시 뜻을 이루지 못하고 오장원에서 병으로 쓰러져 진중에서 죽고 말았다. 제갈량은 사마의의 지구전에 휘말려 제 풀에 죽고 만 셈이다. 때가 올 때까지 참고 견디는 사마의의 리더십이 빛을 발한 대목이다.

사마의는 전쟁터뿐만 아니라 평소 사람을 대할 때에도 허허실실의 궤도를 구사했다. 시기가 불리하면 온갖 모욕을 견디며 때가 오기를 기다렸다. 그러면서 상대방을 한 번에 거꾸러뜨리기 위한 치밀한 계획을 세웠다. 그리고 드디어 때가 왔다고 판단되면 졸지에 상대방을 궁지로 몰아넣어 궤멸시키는 전광석화의 전격전을 구사했다.

· 8 ·

두려워하라, 한 번도 승리하지 못한 것처럼

· **임기응변**臨機應變 ·

궤도, 무정형의 속임수

조조는 평생을 전장에서 보낸 당대 최고의 전략가였다. 그의 전략전술은 한마디로 임기응변으로 집약할 수 있다. 이는 《주역》의 키워드인 '변역'과 맥을 같이한다. 〈계사전〉은 변역을 이같이 풀이해놓았다.

> 변역 이치는 위태로운 정황을 드러냄으로써 위태롭다고 조심하는 자는 평안을 얻고, 안이한 자세로 임하는 자는 기울어지게 해놓았다. 그

도가 매우 커 천지자연의 모든 사물이 여기에 포함돼 있다. 시종 두려운 마음으로 일에 임해야 재난을 면할 수 있다.

《주역》이 인정하는 유일무이한 불변의 법칙은 오직 '천지자연의 모든 사물은 끊임없이 변한다'는 사실 하나뿐이다. 《주역》의 또 다른 키워드인 자강불식은 바로 이 유일무이한 불변의 법칙을 좇기 위한 지극히 당연한 이치를 언급한 것이다.

공자는 평생 《주역》을 탐독했다. 위편삼절韋編三絶 일화가 이를 방증한다. '위편'은 가죽으로 맨 책의 끈을 말한다. 그 가죽 끈이 세 번이나 닳아 끊어졌다는 뜻이다. 《사기》 〈공자세가〉에 이런 구절이 나온다.

공자가 만년에 《주역》을 좋아해 곁에 두고 수시로 읽었다. 가죽 끈이 세 번 끊어질 정도였다.

위편삼절이 학문에 대한 뜨거운 열정과 노력을 비유하는 말로 인용되는 이유다. 조조가 전쟁터에서조차 손에서 책을 놓지 않는 수불석권을 행한 것과 닮았다. 양자 모두 자강불식을 상징한다. 동서고금을 막론하고 오직 임기응변의 자강불식에 매진한 자만이 궁극적인 승자가 될 수 있다. 위기의식을 갖고 부단히 노력하는 자강불식을 행할 것인가, 아니면 과거의 성과에 만족해 안이하게 대응하다가 이내 기울어지고 말 것인가.

평생을 전쟁터에서 살다시피 한 조조가 임기응변을 얼마나 중시했는지는 《자치통감》 〈황초 원년〉 조에 나오는 사마광의 다음과 같은 평을 보면 쉽게 알 수 있다.

> 조조는 적과 대진하여 싸울 때 태연자약하여 마치 싸우지 않는 듯했다. 그러나 결정적인 기회에 결단하여 승세에 올라타는 결기승승決機乘勝의 시기에는 그 기세가 용솟음쳐 마치 돌을 뚫는 듯했다.

'결기승승'은 조조가 구사한 임기응변의 핵심을 한마디로 표현한 것이다. 조조가 초기에 적은 병력으로 우세한 병력을 지닌 군웅들을 차례로 격파할 수 있었던 것은 바로 그가 임기응변에 능했기 때문이다. 임기응변에 능하기 위해서는 우선 적과 아군의 전력은 물론 그 장단점을 자세히 파악해야 한다. 그래야만 새로운 전술을 창조적으로 만들어낼 수 있다.

《손자병법》 〈시계〉는 승리를 거두기 위해서는 반드시 전세戰勢를 장악하는 것이 필요하다고 지적했다. 조조는 임기응변에서 전세를 장악하는 데 필요한 해답을 찾았다. 이는 예상되는 모든 상황에 대한 주밀한 대비책이 전제되어야 가능한 것이다. 주의할 것은 임기응변의 대비책을 마련할 때는 결코 기존의 가치관과 관행 등에 얽매여서는 안 된다는 점이다. 상대방에게 빤히 수를 읽히기 때문이다.

문제는 기존의 가치관과 관행을 과감히 탈피하고 임기응변에 능할지라도 구체적인 접전 상황에서는 승부를 예측하기 어렵다는 점이다. 특히 중과부적의 상황에서는 더욱 그렇다. 결국 적을 속이는 궤도에서 해답을 찾을 수밖에 없다. 《손자병법》이 궤도를 모든 전략전술의 해답으로 제시한 이유다. 임기응변과 궤도가 동곡이곡同工異曲임을 보여준다.

《손자병법》의 대가인 조조는 궤도의 달인이었다. 그는 매번 싸울 때마다 늘 궤도를 구사해 객관적인 열세에도 불구하고 끝내 승리를 얻어냈다. 그렇다면 조조가 구사한 궤도는 구체적으로 어떤 것일까? 그는 궤도를 이같이 풀이했다.

> 병법의 요체는 일정하게 정해진 모습이 없는 병무상형兵無常形에 있다. 오직 상황에 따라 적을 속여 이기는 궤사詭詐만이 유일한 길이다.

궤도를 임기응변으로 나타나는 '무정형의 속임수'로 해석한 것이다. 많은 사람들이 조조가 말한 궤사를 두고 흔히 간계奸計 내지 휼계譎計로 이해하나 이는 잘못이다. 조조가 말한 궤사는 임기응변으로 구사되는 무정형의 모든 계책을 뜻한다. 임기응변으로 구사되는 무정형의 모든 계책은 적의 입장에서 볼 때 궤사일 뿐 실상 아군측에서 파악할 때는 필승의 계책에 해당한다.

사실 이런 궤사는 조조만이 구사한 것도 아니었다. 구체적인 전투 상황에서 늘 전개되는 것이다. 접전을 하는 양측 당사자 모두 적이 궤사를 구사할 것이라는 점을 이미 잘 알고, 자신들 역시 이런 궤사를 무시로 구사한다. 조조는 다만 다른 사람들과 달리 무정형의 속임수를 구사했을 뿐이다. 조조가 실제 전투에서 무수한 승리를 거둘 수 있었던 이유다. 임기응변에 입각한 무정형의 궤도가 요체다.

원래 적이 궤사를 구사할 것을 예측하고 자신도 궤사를 구사했음에도 불구하고 스스로 적의 궤사에 넘어가는 것은 몇 가지 이유 때문이다. 자신감이 지나쳐 적을 얕보았거나, 주변 경계를 게을리했거나, 유리한 형세를 제대로 활용하지 못했거나, 상황을 적확히 파악하지 못했거나, 돌발적인 상황 변화에 제대로 대응하지 못했기 때문일 것이다.

전투에서 승리하기 위해서는 상대방의 움직임에 따라 철저히 대비해야만 한다. 이는 아군의 대비가 상대적으로 더욱 철저했음을 뜻한다. 결국 적이 상대적으로 경계를 덜 철저히 하거나, 상황 변화에 따른 대응을 덜 철저히 하거나, 유리한 형세를 덜 철저히 이용하도록 만드는 것이나 다름없다.

생사와 승패가 엇갈리는 전쟁터에서는 작은 실수가 승패를 좌우하는 결정적인 계기로 작용한다. 조조가 말한 무정형의 속임수는 모든 상황에 대한 주도면밀한 대비책을 의미한다. 결코 도덕적인 잣대를 들이대 간계 내지 휼계로 해석해서는 안 된다. 《손자병법》을 관통하는 임기응변 또는 궤도의 관점에서 풀이하면 이는 승리하기 위해 스스로를 경계하는 이른바 자경자계自警自戒의 또 다른 표현일 뿐이다.

인재 활용법

부득불 전쟁이 벌어진 상황에서는 비전론非戰論을 역설한 묵자나 맹자처럼 정의의 잣대를 들이대서는 안 된다. 불가피하게 전쟁이 벌어지고,

여기서 한 발 더 나아가 전투가 개시되면 무조건 이겨야 한다. 싸움에서 패하면 무슨 말을 해도 '패자의 변명'에 지나지 않는다. 궤도가 정당성을 지니는 이유다. 대표적인 사례로 초한전 때 당대 최고의 병법가인 한신이 구사한 '정형井陘 전투'를 들 수 있다.

《사기》〈회음후열전〉에 따르면 기원전 204년 한신은 위나라를 친 뒤 조나라로 진격하면서 지금의 하북성 정형현 북쪽에 있는 정형관井陘關을 지나게 됐다. 이곳은 예로부터 길이 좁은 것으로 악명이 높아 기습을 받을 경우 속수무책이었다. 당시 조나라에 이좌거李左車라는 뛰어난 책사가 있었다. 그가 이를 그대로 둘 리 없었다. 그는 주군인 진여陳餘에게 이같이 진언했다.

"한신이 승세를 타고 있어 그들의 예기를 당하기 어렵습니다. 제가 듣건대 '천리의 먼 길에 군량을 운송하면 병사들에게 굶주린 기색이 있고, 아무 준비 없이 급히 나무나 풀을 베어다가 밥을 해 먹이면 병사들이 배불리 먹을 수 없다'고 했습니다. 정형관의 길이 매우 좁아 수레 두 대가 함께 지날 수 없고, 말도 대오를 지어 갈 수 없습니다. 지금 형세로 보아 한신은 행군의 길이가 수백 리에 이르고, 군량 또한 반드시 후미에 있을 것입니다. 원컨대 저에게 군사 3만 명을 빌려주십시오. 그러면 샛길로 가서 군량과 군수품을 실은 그들의 치중輜重 수레를 모두 끊어버리겠습니다. 그사이 장군은 해자를 깊이 파고 보루를 높인 채 교전에 응하지 않으면 됩니다. 한신은 앞으로 나아가 싸울 수가 없고, 뒤로 물러나 환군할 수도 없으며, 들판에서 노략할 것도 없습니다. 그리되면 제가 10일이 채 못 돼 한신의 머리를 가히 장군 앞에 갖다놓을 수 있을 것입니다. 만일 그리하지 않으면 우리는 반드시 그의 포로가 되고 말 것입니다."

그러나 맹자를 숭상한 유생 출신의 진여는 늘 의로운 군사인 의병義兵을 이끈다고 자처해왔다. 송양지인을 자임한 것이다. 궤도의 구사를 극도로 꺼린 나머지 이같이 말했다.

"한신의 군사는 수도 적고 이내 피로도 감당하기 어려울 것이오. 그대의 말대로 하면 제후들은 나를 겁쟁이라고 비웃으며 곧바로 달려와 나를 칠 것이오."

결국 진여는 대패하고 말았다. 한신은 진여를 격파한 뒤 이좌거의 지략을 높이 평가해 그를 생포하라고 했다. 이좌거가 잡혀오자 한신은 버선발로 달려가 그의 포박을 풀어준 뒤 정중히 예우하면서 물었다.

"앞으로 북쪽 연나라를 치고 다시 동쪽 제나라를 치고자 생각하는데, 어떻게 하면 성공할 수 있겠습니까?"

이좌거가 대답했다.

"신이 듣건대 '패군지장은 군사를 말하지 말고, 망국亡國의 대부는 나라의 존속을 꾀하지 않는다'고 했습니다. 지금 신은 싸움에 패해 포로가 된 몸인데 어찌 대사를 논할 자격이 있겠습니까?"

한신이 다시 청했다.

"내가 듣건대 춘추시대 중기에 진목공을 패자로 만든 백리해百里奚가 우虞나라에 살 때 우나라는 망했고, 진나라에 있게 된 뒤 진나라는 패자가 되었소. 이는 그가 우나라에 있을 때는 어리석었고 진나라에 있을 때는 현명했기 때문이 아니오. 오직 인재를 쓰는가, 계책을 듣는가 여부에 달린 것이오. 실로 진여가 그대의 계책을 들었다면 나는 이미 포로가 되었을 것이오. 진여가 그대의 계책을 채택하지 않았기에 내가 이렇게 그대를 모실 수 있게 되었소. 지금 나는 마음을 내맡기고 계책을 좇고자 하니 원컨대 그대는 사양치 마시오."

이좌거가 대답했다.

"지금 장군의 위엄이 천하에 떨치고 있습니다. 농부치고 밭 갈기를 그만두고 쟁기를 놓고, 은 옷을 입고 맛난 음식을 먹고, 귀를 기울이며 명을 기다리지 않는 자가 없습니다. 이는 장군의 장점입니다. 그러나 백성과 병사들이 피로하여 이대로는 용병하기가 어렵습니다. 지금 장군이 피폐한 병사를 일으켜 연나라의 견고한 성 아래에 주둔하게 되면 저들과 싸우려 해도 싸울 수 없고, 공성해도 함락시킬 수 없고, 오히려 피폐한 정황만 드러나 위세만 상하게 될 뿐입니다. 시간을 오래 끌면 식량만 고갈되고 맙니다. 연나라가 복종하지 않으면 제나라도 반드시 국경에서 저항하면서 자강自强을 꾀할 것이고, 두 나라가 서로 의지하며 공벌을 피하면 유방과 항우 간의 우열은 구분되지 않을 것입니다. 이것이 장군의 약점입니다. 용병을 잘하는 자는 자신의 약점으로 적의 장점을 침하지 않고, 자신의 강점으로 적의 약점을 침하는 법입니다."

한신이 물었다.

"그렇다면 어떤 계책을 내야만 하오?"

이좌거가 대답했다.

"지금 장군을 위해 계책을 내면 병사들을 위무하며 쉬게 하는 것보다 나은 계책이 없습니다. 그러면 백 리 안에서 쇠고기와 술이 날마다 이르러 장병을 배불리 먹일 수 있습니다. 이어 북쪽 연나라 방향으로 머리를 돌린 뒤 유세객을 시켜 간략한 내용의 서신을 들고 그대의 장점을 연나라에 드러내도록 하십시오. 그러면 연나라는 감히 이를 따르지 않을 수 없을 것입니다. 연나라가 따르면 곧 동진하여 제나라로 가십시오. 그러면 아무리 뛰어난 지자智者가 있을지라도 제나라를 위한 계책을 낼 수 없을 것입니다. 이같이 하면 천하대사를 가히 도모할 수 있습니다. '용병은 먼저 성세聲勢를 드러낸 후 실력을 행사한다'고 했으니 바로 이를 말한 것입니다."

"훌륭한 계책이오!"

한신이 그의 계책을 좇아 사자를 연나라로 보냈다. 과연 연나라는 바람을 좇아 쓰러지듯이 한신의 성세를 듣고 이내 투항했다. 한신은 그 여세를 몰아 제나라까지 공략했다. 모두 이좌거의 조언을 그대로 좇은 덕분이었다. 당시 이좌거가 제시한 방안은 조나라를 거점으로 기반을 확고히 한 뒤 단계별로 주변 지역을 공략하는 점진적인 방안이었다.

고금을 막론하고 전쟁이 한창 벌어진 상황에서 갈등하게 되면 생사를 장담할 수 없는 것은 물론 공동체 자체가 순식간에 붕괴하고 만다. 싸움이 시작되면 수단과 방법을 가리지 말고 이겨야 한다. 적이 전혀 눈치 채지 못하게 속이는 게 관건이다. 제자백가 가운데 병가를 제외하고는 궤도 등의 노골적인 표현을 쓴 학단學團은 법가뿐이다. 《한비자》는 병가의 궤도에 준하는 통치술을 대거 열거해놓았다. 군주가 신하를 다스릴 때 사용하는 소위 7술術 가운데 거짓으로 명을 내리거나 하는 등의 수법으로 신하의 충성 여부를 알아내는 궤사詭使와 알면서 모른 척하며 질문하는 협지挾知, 말을 일부러 뒤집어 반대로 해 보이는 도언倒言 등이 그것이다.

《한비자》가 신하의 충성 여부를 알아내는 제신술制臣術을 집중 거론한 것은 군신 간의 인간관계를 이익관계로 파악한 데 따른 것이다. 의리로 맺어진 것으로 파악한 유가의 입장과 대비된다. 가장 가까운 부부 사이도 예외가 아니다.《한비자》〈비내〉의 해당 대목이다.

> 군주의 부인과 태자 가운데 간혹 군주가 일찍 죽기를 바라는 자가 있다. 옛날 초나라 역사서인《도올춘추檮杌春秋》는 '군주가 병으로 죽는 경우는 절반도 안 된다'고 했다. 군주의 죽음으로 이익을 얻는 사람이 많을수록 군주는 위험해진다.

한비자가 군신관계는 말할 것도 없고 부부관계조차 이해관계로 얽혀 있다고 파악한 것은 지금은 전해지지 않지만《도올춘추》등의 사서를 숙독한 결과다. 인간관계를 이해관계로 파악한 나머지 궤도의 필요성을 역설한 점에서 법가와 병가는 일치한다.

한 손엔《손자병법》, 한 손엔《귀곡자》

임기응변은 종횡술縱衡術과 불가분의 관계를 맺고 있다. 횡衡은 원래 저울을 뜻할 때는 '형'으로 읽으나 왼쪽에서 오른쪽으로 나 있는 방향인

가로를 뜻할 때는 '횡'으로 읽는다. 횡橫과 같다. 종횡술은 지금의 외교관에 해당하는 종횡가縱衡家들이 구사한 책략과 유세술을 통칭한 말이다. 전설적인 인물인 귀곡자鬼谷子가 쓴 것으로 알려진《귀곡자》에는 열한 가지 종횡술이 기술돼 있다.

첫째, 마음을 여닫으며 대화를 이끄는 벽합술捭闔術.

둘째, 이야기를 뒤집으며 상대의 반응을 유인하는 반복술反覆術.

셋째, 상대와 굳게 결속하는 내건술內揵術.

넷째, 벌어진 틈을 미리 막는 저희술抵巇術.

다섯째, 상대를 크게 칭송하며 옭아매는 비겸술飛箝術.

여섯째, 상대의 형세에 올라타는 오합술忤合術.

일곱째, 상대의 실정을 헤아리는 췌정술揣情術.

여덟째, 상대가 속마음을 털어놓게 만드는 마의술摩意術.

아홉째, 상황에 맞게 유세 방식을 달리하는 양권술量權術.

열째, 시의에 맞게 계책을 내는 모려술謀慮術.

열한째, 기회가 왔을 때 머뭇거리지 않고 결단하는 결물술決物術.

이들 계책은 병가에서 역설하는 전술전략과 불가분의 관계를 맺고 있다.《손자병법》을 비롯한 병서의 전술전략이 총체적이고 강압적이라면《귀곡자》에서 말하는 책략은 구체적이고 설득적이다. 서로 보완관계에 있다. 마치 군사와 외교의 관계와 같다.《귀곡자》를 읽을 때《손자병법》등의 병서를 함께 읽어야 하는 이유다.

소진蘇秦과 장의張儀 등 전국시대 후기를 화려하게 수놓은 종횡가들의 활약을 집대성해놓은 책이 《전국책戰國策》이다. 《손자병법》을 비롯한 일반 병서에서는 볼 수 없는 수많은 임기응변 사례가 빼곡히 실려 있다. 일종의 '외교 책략 모음집'에 해당한다. 《귀곡자》가 종횡술의 총론이라면, 《전국책》은 각론에 비유할 수 있다.

주목할 것은 공자의 천하 유세도 종횡술의 일환으로 이뤄졌다는 점이다. 춘추시대 말기 공자는 무려 14년간에 걸쳐 천하를 주유하며 열국의 군주 앞에서 대대적인 유세를 펼쳤다. 군자가 다스리는 바람직한 정치가 주제였다. 그러나 공자의 천하 유세는 철저히 실패했다. 여러 이유를 들 수 있으나 책략과 유세 테크닉 부재가 가장 큰 원인이었다.

아이러니한 것은 당시 종횡가들이 '형편없는' 유세가인 공자에 대해서는 각박하게 평가하면서 공자의 수제자 자공만큼은 칭송을 아끼지 않으며 종횡가의 비조로 받든 점이다. 사제관계를 '콩 심은 데 콩 난다'는 우리 속담 차원에서 보면 지독한 역설이다. 그러나 종횡가의 이런 평가는 결코 뜬금없는 게 아니다. 《사기》 〈중니제자열전〉에 나오는 일화가 이를 뒷받침한다.

춘추시대 말기 제나라 권신 진항陳恒이 노나라를 치려고 하자 공자가 황급히 제자들을 모아놓고 대책을 논의했다. 자로와 자장 등이 전상에 대한 설득 작업에 나설 것을 자청했지만 공자가 받아주지 않았다. 자공이 나서자 흔쾌히 허락했다. 자공의 유세는 대성공이었다. 〈중니제자열전〉의 절반 이상이 온통 그의 유세 내용으로 채워진 사실이 이를 반증한다. 종횡가들이 자공을 비조로 꼽은 게 결코 허언이 아니었음을 알 수 있다. 자공은 공자의 문하에서 열심히 공부하면서 천하를 무대로 외교 협상도 벌이고 큰돈도 번 특이한 경우에 속한다. 요즘으로 치면 재벌회장이 당대 최고의 석학으로 존재하는 셈이다. 최근 초일류 글로벌 기업들이 MBA 출신보다 인문학 전공자를 선호하면서 융합경영을 중시하는 흐름이 거세게 일고 있다. 21세기 경제전쟁이 정치·외교·군사·경제가 하나로 통합된 국가 총력전 양상으로 전개되는 것과 무관하지 않을 듯싶다.

현재 중국에서는 종횡가의 기본 텍스트인《귀곡자》가 큰 인기를 끌고 있다. 관련서가 베이징 서점가의 특설 판매대를 가득 채운 사실이 이를 뒷받침한다. 법가의 제왕술을 새롭게 해석한《후흑학》과 수천 년 동안 병가의 성전으로 손꼽힌《손자병법》, 최근 상가 이론의 집대성으로 주목을 받는《사기》〈화식열전〉 등도 인기다.

한때 일본의 상품이 전 세계의 시장을 석권할 때 일본에서도 유사한 현상이 나타났다. 일본 특유의 경제경영 이론과 모델이 등장한 배경이다. 지금 그 열풍이 중국에서 불고 있다. 종횡가·법가·병가·상가 관련 서적이 모두 부국강병을 위한 난세지략亂世之略에 초점을 맞추는 점에 주목할 필요가 있다. 폭발적인 경제성장을 거듭하면서 G2를 넘어 G1으로 발돋움하고자 하는 중국인들의 열망이 그대로 투영된 결과다.

《귀곡자》의 책략과 유세는 기본적으로 상대를 어르고 띄워주는 데서 출발한다. 상대의 속셈과 실정을 정확히 파악한 후 이를 토대로 가장 적합한 책략을 세워 뜻하는 바를 은밀히 관철하고자 한 것이다. 전국시대에 이를 전문으로 연구한 학술단체가 바로 종횡가다.

《귀곡자》에 나오는 총 열한 가지의 종횡술은《손자병법》 등의 병서에 나오는 '지피지기'의 용병 이치와 꼭 닮아 있다. 실제로《귀곡자》는 오랫동안 병서의 일종으로 간주돼왔다. 전국시대 중기의 병법가 손빈과 방연이 귀곡자 밑에서 수학했다는 전설이 이를 방증한다. 예나 지금이나 군사와 외교는 서로 동전의 양면처럼 불가분의 관계를 맺고 있는 점을 감안할 때 이상하게 생각할 것도 없다.

동서고금을 막론하고 국가 간의 이해관계가 격렬히 충돌할 때 예외 없이 우격다짐이 동원됐다. 이웃과 선린관계를 유지하는 것은 매우 중요하나 상대가 무력으로 뜻을 펴고자 할 때는 반드시 무력으로 맞서야 한다. 모든 나라가 평시에도 많은 수의 상비군을 두는 이유다. 말할 것도 없이 유비무환의 취지에 공명한 결과다.

21세기 경제전쟁에 대비한 유비무환의 계책은 무엇일까? 난세에 초점을 맞춘 종횡가·법가·병가·상가 등의 부국강병 논리를 통합해 구사하는 게 해답이다. 상가의 효시인 관중이 역설했듯이 부민부국이 관건이다.

호기인가 위기인가

동서고금의 모든 전략전술은 상황에 따른 임기응변에 미칠 수 없다. 종횡가가 임기응변의 종횡술을 집중 탐사해 뛰어난 책략과 유세술을 만들어낸 이유다. 많은 사람들이 종횡가의 효시로 전국시대 중기에 활약한 소진과 장의를 들고 있으나 유가는 이들의 종횡술에 매우 비판적이었다. 그러나 자공에 대해서만큼은 예외적인 모습을 보였다. 대표적인 인물이 전한 말기의 유학자 양웅揚雄이다. 그의 저서《법언法言》〈연건淵騫〉에 이들에 대한 평이 나온다.

하루는 어떤 사람이 양웅에게 물었다.

"장의와 소진이 귀곡자의 모략을 배운 뒤 종횡가의 유세를 행하여 각각 중국을 10여 년 동안 편안하게 만들었다는 주장이 옳은 것입니까?'

양웅이 대답했다.

"그들은 모두 거짓을 말했다. 성인은 그들을 혐오했다."

어떤 사람이 다시 물었다.

"공자의 책을 읽고 장의와 소진처럼 유세하는 것은 어떻습니까?"

양웅이 대답했다.

"봉황의 울음소리로 맹금의 깃털을 자라게 하는 것이 참으로 심하다!"

어떤 사람이 반박했다.

"그같이 말하지만 공자의 제자 자공도 그런 유세를 하지 않았습니까?"

양웅이 말했다.

"세상이 어지러운데도 이를 해결하지 못하는 것을 놓고 자공은 크게 부끄럽게 생각해 유세한 것이다. 이에 반해 유세를 통해 부귀를 얻지 못한 것을 놓고 장의와 소진은 부끄럽게 생각했다. 자공은 장의와 소진과 기본 입장이 달랐다."

어떤 사람이 또 물었다.

"장의와 소진은 그 재주가 뛰어나 앞사람이 밟아보지 못한 길을 걸은 게 아니겠습니까?"

양웅이 대답했다.

"옛날 순임금은 간사한 인물의 채용을 거부했다. 그대는 재능이라 했지만 그대가 말하는 재능은 우리가 말하는 재능과 다르다."

양웅이 장의와 소진을 질타하면서도 종횡가의 효시에 해당하는 자공을 극구 변호하고 나선 이유는 크게 세 가지다. 첫째, 자공이 공자의 수제자라는 점이다. 훌륭한 선생 밑에서 뛰어난 인물이 나온 것은 당연하다는 논리가 내재돼 있다. 둘째, 자공의 애국 행보를 높이 산 결과다. 고금을 막론하고 군사와 외교는 나라의 안위를 지키기 위한 것이다. 셋째, 자공의 유세 책략을 높이 평가한 결과다. 자공의 유세 일화가 〈중니제자열전〉과 《오월춘추》에 두루 소개돼 있는 사실이 이를 뒷받침한다.

《논어》에는 자공과 관련한 이야기가 35대목에 이른다. 자로에 이어 가장 많은 것으로, 자공이 공자의 만년에 가장 가까이에서 모시면서 공자의 위대한 면모를 실감한 사실과 무관하지 않다. 그는 인류 역사에서 공자에게 필적할 사람은 없다고 단언하면서 스승에 대해 한없는 존경을 표했다. 《맹자》 〈공손추 상〉에 나오는 그의 언급이 이를 뒷받침한다.

> 한 나라의 예법을 보면 그 군주의 정치를 알 수 있고, 한 나라의 음악을 들으면 그 군주의 덕을 알 수 있다. 백세百世의 뒤에서 백세 동안의 군주들을 평가하면 어떤 군주도 이러한 평가 기준에서 벗어날 수 없다.

이런 기준에서 볼 때 사람이 생겨난 이래 부자夫子만 한 사람은 없었다.

자공은 여러 제자들 중 공자로부터 총애를 받은 몇 안 되는 제자 중 한 사람이었다. 그가 공자 사후 상례를 주재한 것은 제자들 중 나이도 많고 능력도 뛰어나기도 했지만 공자와 매우 가까웠던 점이 크게 작용했다. 공자 사후 3년상을 치른 뒤 다시 3년 동안 시묘한 이유다. 스승에 대한 한없는 존경이 없었다면 불가능한 일이다.

자공은 중용의 미덕을 갖춘 사람이었다. 그는 아첨하지 않고도 섬기는 사람을 기쁘게 할 수 있고, 원칙을 포기하지 않고도 출세할 수 있는 재주를 지녔다. 외향적인 성격과 내성적인 성격을 겸비한 그는 난세에 가장 잘 적응할 수 있는 사람이기도 했다. 특히 유창한 언변으로 열국을 종횡무진 뛰어다니며 협상을 이끌어내는 등 당대 최고의 외교관으로 명성을 떨쳤다. 그의 언변은 커다란 폭포수가 거침없이 아래로 쏟아진다는 뜻의 현하지변懸河之辯에 비유할 만하다.《논어》〈선진〉의 다음 대목이 이를 증명한다.

실천이 독실해 덕행에 능한 제자로는 안연顔淵, 민자건閔子騫, 염백우冉伯牛, 중궁仲弓을 들 수 있다. 언변에 능해 응대사령應對辭令에 뛰어난 제자로는 재아宰我와 자공이다. 재주가 많아 정사에 능한 제자로는 염유와 자로다. 박학하여 문학에 능한 제자로는 자유와 자하子夏 등이 있었다.

이 대목에 나오는 덕행·언변·정사·문학을 흔히 공문4과孔門四科라고 한다. 요즘으로 치면 도덕·외교·정치·학문에 해당한다. 모두 열 명이 거론돼 있다. 일명 '4과10철四科十哲'이다. 4개 분야에서 이름을 떨친 열 명의 철인哲人이라는 뜻이다. 4과10철 가운데 가장 두드러진 인물 넷을 꼽으라면 덕행의 안연, 외교의 자공, 정치의 자로, 학문의 자하를 들 수 있다. 안연은 인仁, 자로는 의義, 자하는 예禮, 자공은 지知에서 가장 뛰어났다. 공문4과는 인의예지를 달리 표현한 것이나 다름없다. 일각에서는 이들을 특별히 '4과4철'로 부른다. 4과4철 가운데 안연과 자로는 공자보다 먼저 죽었고, 자공은 현실정치에 깊숙이 개입했던 까닭에 제자를 제대로 육성할 수 없었다. 제자를 대거 육성해 공자의 학문과 사상을 후세에 전한 인물은 자하였다.

《논어》〈선진〉에서 언급했듯이 자공은 '응대사령'에 뛰어났다. 응대는 상대의 물음이나 요구 따위에 응하여 상대하는 것을 말한다. 비즈니스 협상 내지 외교 협상과 같은 뜻이다. 손님을 맞아들여 접대하는 응대應待와 구별해야 한다. 사령은 응대하는 말을 뜻한다. 흔히 외교사령外交辭令으로 사용한다. 외교관들처럼 자기의 감정을 감추고 상대편에게 듣기 좋게 말하는 사교적인 말을 뜻한다. 응대사령에 능하기 위해서는 문·사·철 등에 해박해야 한다. 그래야 재치 있는 답변으로 상대를 제압할 수 있다.《논어》〈자로〉에 이를 뒷받침하는 공자의 언급이 나온다.

> 《시》 300편을 모두 외울지라도 정치를 맡겼을 때 제대로 해내지 못하고, 사방의 나라에 사자로 나갔을 때 임기응변으로 대처하지 못하면

비록 많이 외운들 어디에 쓰겠는가!

‘사방의 나라에 사자로 나갔을 때 임기응변으로 대처하지 못하면’ 운운한 부분의 원문은 ‘사어사방使於四方, 불능전대不能專對’다. 여기서의 사使는 사자로 나간다는 뜻의 동사로 사용됐다. 사자를 뜻하는 명사로 사용될 때는 ‘시’로 읽는다. 주목할 것은 임기응변을 뜻하는 원문의 ‘전대’다. 전대는 크게 두 가지 뜻이 있다. 첫째, 단독으로 응대한다는 뜻이다. 둘째, 사자로 나가 독자적인 판단에 따라 수기응답隨機應答하는 것을 말한다. 병법에서 말하는 임기응변은 바로 두 번째 경우를 말한다. 여기서의 수기는 임기臨機와 같은 뜻이다.

기機는 우리말의 ‘틀’을 뜻한다. 틀은 물건을 만드는 데 본이 되는 물건 내지 어떤 물건의 테두리나 얼개가 되는 물건을 의미한다. 그러나 고전에 나오는 기 자에는 특별한 의미가 있다. 천기天機 · 지기地機 · 인기人機 · 사기事機 · 심기心機 등의 용례를 통해 알 수 있듯이 어떤 특별한 계기契機의 뜻으로 사용되는 경우가 더 많다. 좋은 계기인 호기好機와 위험한 계기인 위기危機 등이 그 실례다. 위기는 곧 호기이기도 하다. 기 자체가 이전의 상황에서 새로운 상황으로 이어지는 변곡점의 역할을 하기 때문이다. 기가 중첩돼 있다는 뜻의 기회機會가 어떤 일을 하는 데 적절한 시기나 경우를 뜻하는 말로 통용되는 것은 바로 이 때문이다. 본인이 하기에 따라서는 전화위복轉禍爲福의 계기로 작용할 수도 있고, 정반대로 전복위화轉福爲禍로 뒤바뀔 수도 있기 때문이다.

천기를 비롯해 지기 · 인기 · 사기 등 모든 계기는 특정인을 위해 존재하지 않는다. 계기를 틀어쥔 자에게는 복이 되고, 그렇지 못한 자에게는 화로 작용할 뿐이다. 호기와 위기는 당사자의 주관적인 판단 및 평가에 따른 것으로 계기 자체가 호기 내지 위기인 것은 아니다. 상대와 치열한 다툼을 벌일 때 나에게 호기는 상대에게 위기이고, 상대에게 호기는 나에게 위기인 것과 같은 이치다. 매번 계기를 만날 때마다 주어진 상황을 토대로 최선을 다해야 하는 이유다. 그게 바로 진인사대천명盡人事待天命의 기본 자세다.

진인사대천명은 어떤 계기가 특정인을 위해 두 번 다시 찾아오지 않는다는 경험 법칙에서 나온 것이다. 따라서 호기가 찾아왔을 때 반드시 재빨리 올라타야만 한다. 위기도 계기의 일종인 까닭에 호기와 마찬가지로 재빨리 벗어나야만 한다. 위기일발은 바로 그런 절박한 상황을 언급한 것이다. 위기일발의 궁지에서 벗어나면 위기가 호기로 작용할 수 있다. 상대가 호기를 흘려보낸 데 따른 반사이익이다. 개인의 생사 및 국가의 존망이 달린 싸움에서 단 한 번의 실수가 돌이킬 수 없는 패착으로 이어지는 것도 이 때문이다. 공자가 〈자로〉에서 '전대'를 언급한 것도 바로 이 때문이다. 실제의 정치에 도움되지 않는 지식은 쓸모가 없다는 점을 지적한 것이다. 이를 두고 정이천은 이같이 풀이했다.

> 경서를 궁구窮究하는 것은 장차 실용을 이루기 위한 것이다. 세상에 시를 외우는 자들이 과연 능히 정치에 종사하며 혼자서 일을 처결할 수 있는가? 그렇지 못하다면 그가 배운 것은 장구章句의 지엽에 불과한 것이다. 실로 배우는 자들의 큰 병통이다!

공자가 제자들에게 가르친 제왕학의 본령이 바로 치국평천하에 있음을 방증하는 대목이다. 공자를 효시로 하는 유가의 본령이 치국평천하에 있고, 치국평천하의 관건은 바로 임기응변에 있음을 뒷받침한다. 《사기》〈중니제자열전〉에 자세히 소개된 자공의 활약이 이를 뒷받침한다.

자공의 일석오조

《논어》〈선진〉이 자공을 두고 '언변에 능해 외교사령에 뛰어났다'고 표현한 것은 그가 종횡가의 선구였음을 방증한다. 이는 그가 인의예지의 공문4과에서 지智를 대표했기에 가능했다. 고금을 막론하고 뛰어난 언변은 해박한 지식이 전제되지 않으면 안 된다. 창조적인 발상도 여기서 나온다. 언변과 지식, 창조는 마치 둥근 원처럼 서로 꼬리에 꼬리를 무는 모습을 하고 있다. 자공의 뛰어난 외교사령은 스승의 나라인 노나라를 패망의 위기에서 구한 역사적 사실을 통해 쉽게 확인할 수 있다.

공자가 활약한 춘추시대 말기는 오월시대로 불린다. 오왕 부차와 월왕 구천이 천하를 놓고 다툰 데서 알 수 있듯이 전통적인 강국인 중원의 진晉나라와 남방의 강국 초나라가 상대적으로 피폐해진 결과다. 권신 세력이 제어할 수 없을 정도로 강성해졌기 때문이었다. 제나라가 이웃한 소국 노나라를 치고자 한 것도 이런 사실과 무관하지 않았다. 권신인 진항陳恒이 장차 제나라를 찬탈하고자 한 것이다. 진항은 그의 후손이 제나라를 찬탈해 성을 전田 씨로 바꿈에 따라 전상田常으로 불리게 됐다.

당시 공자의 명을 받은 자공이 오 · 월 · 제 등을 두루 돌아다니며 구사한 뛰어난 언변은 그를 종횡가의 시조로 꼽기에 충분하다. 《사기》〈중니제자열전〉에 따르면 기원전 483년 제나라 권신 진항이 허울뿐인 제간공齊簡公을 제거하고 나라를 빼앗고자 했다. 그러나 제나라의 대성인 고씨高氏와 국씨國氏, 포씨鮑氏, 안씨晏氏 등의 견제가 문제였다. 진항은 먼저 노나라를 친 뒤 큰 공을 세운 여세를 몰아 이들 대성들을 제압하고자 했다. 이 소식을 들은 노애공魯哀公이 크게 우려했다. 공자도 크게 걱정한 나머지 제자들을 불러놓고 이같이 말했다.

"제후들이 서로 공벌하고 있으니 나는 이를 심히 수치스럽게 생각한다. 무릇 노나라는 부모의 나라로 조상의 묘가 모두 여기에 있다. 지금 제나라가 장차 우리 노나라를 치려 하니 그대들은 출국하여 노나라를 위해 노력해볼 생각이 없는가?"

성질이 급한 자로가 곧바로 작별을 고한 뒤 출국하려 하자 공자가 만류했다. 자장 등이 자원했으나 이 또한 허락하지 않았다. 자공이 나섰다.

"제가 가면 어떻겠습니까?"

"네가 가면 괜찮을 것이다."

자공이 제나라에 당도해 진항을 만나 이같이 말했다.

"노나라는 공략하기가 매우 어렵고, 오나라는 공략하기가 극히 쉽습니다. 그대가 노나라를 치려는 것은 잘못입니다."

"왜 그렇다는 것이오?"

자공이 대답했다.

"노나라의 성벽은 얇고도 낮고, 성을 둘러싼 해자는 좁고도 얕고, 군주는 어리석으며 불인不仁하고, 대신들은 쓸모가 없고, 병사들은 전쟁을 싫어합니다. 그러니 그대는 그들과 싸울 수 없습니다. 차라리 오나라를 치느니만 못합니다. 오나라는 성벽이 견고하며 높고, 성을 둘러싼 해자는 넓고도 깊고, 갑옷은 견고하고, 사병은 정예하고, 궁노弓弩는 강력합니다. 그러니 공략하기가 쉬운 나라입니다."

진항이 화를 냈다.

"그대가 어렵다고 하는 것은 사람들이 쉽게 여기는 것이고, 그대가 쉽다고 한 것은 사람들이 어렵다고 여기는 것이오. 그대가 이러한 얘기로 나를 가르치려고 하는 것은 무슨 뜻이오?"

자공이 말했다.

"지금 그대가 노나라를 쳐 제나라의 영토를 넓히고, 노나라를 멸함으로써 자신의 위세를 높이려 하나 사실 그대가 세울 공은 여기에 있지 않습니다. 만일 이같이 되면 제나라의 군신 모두 방자하고 자만해져 사람을 능욕하고 다툴 것이니 그대의 사업을 성취하기가 어렵게 됩니다. 그래서 오나라를 치느니만 못하다고 말한 것입니다. 오왕은 용맹하고 과단성이 있어 능히 자신의 의지를 관철시킬 수 있습니다. 그의 백성은 공수에 능하고, 법의 금령을 잘 알고 있습니다. 제나라 군사가 그들과 교전하면 이내 그들의 포로가 되고 말 것입니다. 그리되면 백성들은 나라 밖에서 전사하게 되고, 대신들은 군사들을 이끌고 가게 되어 조정은 텅 비게 됩니다. 이같이 하면 위로는 그대에게 대적할 사람이 없게 되고, 아래로는 그대와 다툴 포의지사布衣之士도 없게 됩니다. 군주를 고립시켜 제나라를 제압하는 것은 오직 그대의 선택에 달려 있습니다."

장차 태공망 여상의 후예인 강씨姜氏의 제나라를 삼키고자 하는 진항의 입장에서 볼 때 이보다 더 나은 계책도 없었다. 진항이 즉시 얼굴을 부드럽게 한 뒤 은근히 물었다.

"우리 군사가 이미 노나라 성벽 아래까지 갔소. 만일 내가 노나라를 떠나 다시 오나라를 향하면 대신들은 곧 나에 대해 의심할 것이오. 어찌 대처하는 것이 좋겠소?"

"그대는 단지 군사들을 장악한 채 움직이지 마십시오. 그러면 내가 오왕을 만나 제나라를 치도록 청하겠습니다. 그대는 이 기회를 이용해 오나라 군사를 치도록 하십시오."

진항이 크게 기뻐하며 이를 수락했다. 자공은 곧 오와 월을 차례로 찾아가 부차와 구천을 설득한 뒤 중원의 진나라로 가 진정공晉定公에게 이같이 말했다.

"제가 듣건대 '생각을 미리 정하지 않으면 의외의 사태에 대비할 수 없고, 군사를 미리 정비하지 않으면 적을 이길 수 없다'고 했습니다. 지금 오나라와 제나라가 장차 패권을 다투려 하고 있습니다. 만일 오나라가 승리하지 못하면 월나라는 틀림없이 난을 일으킬 것입니다. 오나라가 이기면 틀림없이 여세를 몰아 진나라를 압박하고 나설 것입니다. 그리되면 진나라는 어찌 대처할 것입니까?"

진정공이 크게 당황해했다.

"어찌 하는 것이 좋겠소?"

자공이 대답했다.

"우선 병기를 정비하고 병사들을 정돈한 뒤 유사시를 대비하면 될 것입니다."

진정공이 이를 흔쾌히 승낙했다. 기원전 482년 부차가 대군을 동원했다. 오나라와 제나라 군사가 지금의 산동성 내무현 동쪽인 애릉艾陵에서 교전했다. 제나라 군사가 대패했다. 구천은 여세를 몰아 지금의 하남성 봉구현 서남쪽인 황지黃池에서 열국의 제후들을 모아놓고 패자의 자리에 올랐다. 이를 틈타 구천이 오나라 도성을 급습했다. 허를 찔린 셈이다. 크게 놀란 부차는 황급히 군사를 이끌고 퇴각한 뒤 월나라와 강화했으나 몇 년 뒤 월나라의 거듭된 침공을 견디지 못하고 스스로 목숨을 끊고 말았다. 결과적으로 자공의 세 치 혀에 놀아나 패망한 셈이다.

훗날 사마천은 자공이 보여준 뛰어난 임기응변의 종횡술에 경탄을 금치 못했다. 《사기》 〈중니제자열전〉에 자공이 구사한 종횡술의 효과를 '일석오조一石伍鳥'로 요약해놓은 이유다. 노나라를 존속하게 만들고(存魯), 제나라를 어지럽게 만들고(亂齊), 오나라를 깨뜨리고(破嗚), 진나라를 강하게 만들고(强晉), 월나라를 패권국으로 만들었다(覇越). 당시 자공은 열국 내부의 사정은 물론 제후들의 속마음까지 정확히 간파했다. 전국시대 종횡가들이 그를 종횡가의 시조로 꼽은 게 빈말이 아니었다.

원래 자공은 주나라 도성인 낙양 인근의 위衛나라 사람으로, 이름은 단목사端沐賜다. 나이는 공자보다 서른한 살이나 아래였다. 사서에는 자공의 화려한 행보가 대거 실려 있다. 그의 재지才智를 짐작하게 해주는 일화가 《논어》 〈공야장〉 편에 실려 있다.

하루는 공자가 자공에게 물었다.

"너와 안회 중 누가 더 나으냐?"

자공이 대답했다.

"제가 어찌 감히 안회를 바라볼 수 있겠습니까? 안회는 하나를 들으면 열을 알고, 저는 하나를 알면 겨우 둘을 알 뿐입니다."

자공의 뛰어난 임기응변이 유감없이 드러나는 대목이다.

자공은 당돌하게도 공자에게 이같이 되물었다.

"저는 어떤 사람입니까?"

스승의 질문에 대한 반격의 성격이 짙었다. 공자가 대답했다.

"너는 그릇이다."

"어떤 그릇입니까?"

"호련瑚璉이다."

호련은 종묘제사에 쓰는 귀한 그릇을 지칭한다. 공자도 자공의 뛰어난 재능을 액면 그대로 인정한 셈이다. 자공은 머리도 비상하고 언변이 뛰어났던 만큼 스승인 공자를 가장 잘 변호한 인물이기도 했다.

하루는 제나라의 권신인 진항이 자공에게 이같이 물었다.

"중니는 누구에게 배웠소?"

"주문왕과 주무왕의 도가 아직 땅에 떨어지지 않고 사람에게 보존되어 있습니다. 현자들은 모두 그것을 기억하고 있습니다. 주문왕과 주무왕의 도를 사람마다 지니고 있으니 선생님이 누구에겐들 배우지 않았겠습니까? 그러니 또한 어찌 일정한 스승을 두었겠습니까!"

반론의 여지가 없는 명변明辯이다. 실제로 공자는 일정한 스승 밑에서 배운 적이 없었다. 삶의 체험 속에서 인애仁愛의 이치를 터득했다. 공자사상을 한마디로 요약한 인仁에 대해 수천 년 동안 사람들이 수도 셀 수 없을 정도로 다양한 해석을 시도했다. 그러나 '인즉인仁則人'보다 더 절묘한 해석은 존재하지 않는다. 인학仁學은 사람에 관한 인학人學인 동시에 사람 사이의 관계에 관한 인간학人間學이다. 공자사상이 사람을 제대로 아는 지인知人에서 시작해 사람을 두루 사랑하는 애인愛人에서 끝나는 이유다. 자공은 바로 공자사상의 요체를 꿰고 있었던 것이다.

그럼에도 후세인들의 자공에 대한 평가는 매우 인색했다. 이는 그가 이재에 밝았던 사실과 무관하지 않았다. 사마천은 〈화식열전〉에서 자공이 막강한 재력을 바탕으로 제후들의 허리를 굽히게 만들고, 스승 공자와 제후들의 만남을 주선했다고 기록해놓았다. 공자의 명성이 널리 알려지게 된 근본 배경이다. 상업을 극도로 천시했던 후대의 유학자들은 〈화식열전〉의 이 기록을 크게 꺼렸다. 이재에 밝았던 자공을 깎아내린 이유다. 화려한 유세술을 토대로 한 종횡술을 잡술雜術로 여긴 것도 같은 맥락이다. 지나친 명분주의가 만들어낸 기형적인 모습이었다.

·9·

먼저 내주고 나중에 더 크게 취하라

· **삼분공덕**三分功德 ·

마음을 얻는 기술

자공이 스승의 나라인 노나라를 위기에서 벗어나게 만들 때 보여준 유세술은《귀곡자》에서 말하는 열한 가지 종횡술의 총론 격인 벽합술捭闔術에 해당한다. 상대에 따라 마음을 여닫으며 설득하는 유세술이다. 은밀히 행하는 책략인 음도陰道와 겉으로 드러내놓고 행하는 책략인 양도陽道를 시의에 맞게 적절히 섞어 사용하는 게 관건이다. 이를 뒷받침하는《귀곡자》〈벽합〉의 해당 대목이다.

양은 움직이며 실행하고자 하고, 음은 멈춰 서며 감추고자 한다. 양은 움직이며 밖으로 나가고자 하고, 음은 숨으며 안으로 들어오고자 한다. 그러나 양이 극에 달하면 음이 되고, 음이 극에 달하면 양이 된다. 음양이 서로 조화를 이루는 것은 벽합에서 비롯된다. 벽합은 천지음양의 대도大道이자 사람을 설득하는 유세의 기본 원칙이다. 세상만사를 처리하는 근본인 까닭에 천지의 문호門戶로 불린다.

주목할 것은 종횡가는 말할 것도 없고 제자백가 모두 궁극적으로는 인간학에 뿌리를 두고 있는 점이다. 공자는 이를 인仁으로 표현했다. 글자 그대로 공동체의 최소 단위인 부부처럼 두 명 이상의 사람이 모이는 모든 인간관계에 적용되는 것이 바로 인학仁學이다. '사람들 사이'에 관한 학문인 인간학과 똑같은 의미다. 여기에 예의와 법제 등의 문채文采를 씌워 인문학이라고 부른다. 문文을 떼어내면 원래의 인간학이 그 모습을 드러내게 된다. 이게 예의와 법제 등으로 포장된 겉모습 내지 장식이 제거된 인간의 '속살'이다. 종횡가와 법가, 병가, 상가 등은 바로 이런 '속살'에 주목했다.

그런 점에서 21세기 경제전쟁의 비즈니스 승패 역시 자신이 중심이 된 인맥이 돈과 지위 등으로 포장된 겉모습의 인맥인지, 아니면 '속살'로 연결된 인맥인지의 여부에 달려 있다고 해도 과언이 아니다. 실제로 아무리 많은 돈과 뛰어난 아이디어가 있을지라도 이를 뒷받침해줄 제대로 된 인맥이 없으면 사업을 원하는 쪽으로 키우기가 어렵다. 돈보다 인맥이 중요한 이유다.

이를 뒷받침하는 일화가 최근 한 일간지의 경제 섹션에 소개돼 눈길을 끌었다. 세계적인 경영자문회사의 중국 비즈니스센터에서 일하는 박씨가 상하이 주재원으로 처음 파견을 나갔던 수년 전의 일이다. 그는 한국에서 같이 근무했던 중국인 동료 A로부터 상하이 현지의 중국인 B를 소개받았다. 당시 박씨는 중국어가 서툰데다, 이미 도움을 청할 만한 상하이 거주 한국인 지인도 꽤 있었던 탓에 굳이 B에게 연락할 필요를 느끼지 못했다.

상하이에 도착한 지 얼마 안 돼 박씨는 한국에 있던 A의 전화를 받았다. B가 연락을 받지 못해 어찌 된 일인지 매우 궁금해한다는 내용이었다. 박씨는 곧 B에게 전화해 "잘 적응하고 있고, 도움이 필요할 때 연락하겠다"고 인사치레를 했다. 그러나 B가 굳이 한번 만나자고 제안을 했다.

결국 두 사람은 저녁식사를 함께 하게 됐다. 간단한 인사를 나누고 자리에 앉자마자 초면에도 불구하고 B는 박씨에게 이런저런 질문을 퍼붓기 시작했다. "이런 것은 준비했습니까? 저런 사항에 대해서는 미리 대비하고 있습니까? 저는 중국 소재 한국기업에 근무해본 경험이 있어 한국 주재원들의 고충을 잘 압니다……."

박씨는 B의 호의가 지나치다고 느낀 동시에 덜컥 겁이 났다. '중국에 온 한국사람 대부분이 초기에 한 번씩은 사기를 당한다던데, 이 사람도 내게 그런 마음을 품고 있는 것은 아닐까?'

그러나 식사가 끝날 때쯤 박씨는 자신이 오해했다는 것을 알았다. 식사 내내 B는 자신을 소개해준 A에 대해 장황하게 이야기했고, 이같이 말을 맺었다.

"A는 학창시절부터 저와 워낙 가까이 지낸 사이입니다. 친구의 부탁을 받고 저 혼자서 머리를 싸맨 채 어떻게 도와야 할지 크게 고민했습니다. 잘 알고 지내는 한국기업의 재원들에게 일일이 연락해 중국으로 파견 나왔을 때 겪었던 애로사항을 묻고 그 내용을 정리했습니다. 다행히 제가 준비해온 것이 선생님께 도움이 된다고 하니 기쁩니다."

중국어 '지에샤오(介紹)'는 우리말로 '소개'쯤 되지만 서로 의미가 조금 다르다. '소개'가 '서로 알고 지내면 좋을 듯하니 만나봐도 크게 나쁠 게 없다'는 정도의 무게감을 갖는다면, '지에샤오'는 '내가 믿는 사람이니 나를 대하듯 적극적으로 도와주라'는 메시지를 담고 있다. 중국인과 맺는 통상적인 인간관계도 그렇지만, 대중국 비즈니스 현장에서 '지에샤오'는 그 의미가 더욱 엄중하다. 이는 중국인 특유의 인간관계인 '꽌시(關係)'에서 비롯한 것이다. 신의로 맺어진 '꽌시'가 아니면 '지에샤오'의 대상이 될 수 없다.

최근 중국의 경제적 위상이 높아지면서 중국인과 우호적인 관계를 맺고자 하는 사람은 날로 늘고 있지만 '꽌시'의 특징을 제대로 이해하는 사람은 드물다. 이를 모르면 대중국 비즈니스에서 실패할 확률이 매우 크다. 효과적인 인맥 네트워크의 보유 여부가 사업 성패와 직결되기 때문이다.

'꽌시'는 결코 하루아침에 이뤄지지 않는다. 일각에서 오해하듯 금전이나 향응 등에 의한 일시적인 환심으로 얻을 수 있는 것은 더더욱 아니다. 《삼국연의》 첫 대목에 나오는 '도원결의桃園結義'처럼 신의를 토대로 상대의 마음을 얻는 게 정답이다.

다른 나라에 비해 한국인은 중국인과 '꽌시'를 맺는 데 매우 유리하다. 한국에 체류 중인 중국 국적 소지자가 약 50만 명, 중국에 체류 중인 한국인이 약 100만 명을 넘어선 현실이 그렇다. 양국 국민 모두 거류 외국인 가운데 최고의 비율이다. 이를 제대로 활용할 것인지 여부는 전적으로 우리의 몫이다.

일본도 인맥을 중시한다는 점에서는 별반 다를 게 없다. 에도 시대 당시 쌀 시장을 중심으로 성장한 센바(船場)의 오사카 상인은 "돈을 남기는 것은 하급, 가게를 남기는 것은 중급, 고객을 남기는 것은 상급이다"라는 유명한 말을 남겼다. 고객이 있는 한 사업은 영원하므로 눈앞의 작은 이익에 연연하지 않겠다는 취지다. 센바는 도요토미 히데요시가 일본 열도를 통일한 뒤 열도 내에서 가장 큰 규모의 오사카 성을 축성할 당시 물자 공급의 중심지로 발전한 곳이다. 에도 시대 이후에는 '천하의 부엌'으로 불리며 일본 상업의 핵심으로 급성장했다.

상인의 인맥은 고객에서 시작해 고객으로 끝난다. 고객 만족이 인맥 관리의 궁극적인 목적이 돼야 한다. 고객을 만족시키기 위해 혼신의 노력을 기울여 상인으로서의 주어진 임무를 다한다는 소명 의식이 이런 명언을 남긴 것이다.

주변 사람을 자신의 고객으로 만들기 위해서는 우선 공통 관심사를 가진 사람들과 어울리며 친목을 다지는 것이 필요하다. 사람들 모두 성격과 성장 배경이 다르고, 편하게 생각하며 어울리는 집단에 대한 기준도 천차만별이기 때문이다. 사람을 만날 때 상대를 나에게 이득이 되는 방향으로 활용하겠다는 생각보다 내가 상대에게 어떤 도움이 줄 수 있는가를 먼저 생각하는 게 중요하다. 〈벽합〉은 인맥의 달인이 되는 비법을 이같이 설명해놓았다.

> 마음을 여는 것은 상대의 진정을 판단하고, 닫는 것은 상대의 실정을 파악하려는 취지다. 성인은 상대가 드러낸 경중완급輕重緩急을 토대로 상대가 생각하는 바를 짐작하고, 이를 근거로 상대를 위한 계책을 마련한다. 사세事勢를 좇아 계책을 만든 이유다.

상대가 자신에게 도움을 줄 수 있는 사람이라는 느낌을 갖도록 만들라는 조언이다. 이익을 향해 무한 질주하는 인간의 호리지성에 주목한 결과다. 상대에게 도움을 줄 수 있으려면 인간의 호리지성에 입각해 시의에 부합하는 계책을 제시할 수 있어야 한다. 〈벽합〉이 '성인은 사세를 좇아 계책을 만들었다'고 언급한 이유다.

고금을 막론하고 인맥을 쌓는 것에 특별한 비법은 없다. 무수한 시행착오와 학습을 통해서만이 가능하다. 그러나 《귀곡자》에서 말하는 책략과 유세 기술을 완벽하게 습득하면 그 기간을 단축할 수는 있다. 중요한 것은 상대가 나에게 어떤 도움을 줄 수 있는가를 생각하기 전에 내가 상대에게 어떤 도움을 줄 수 있는지를 먼저 생각하는 것이다. 〈벽합〉은 이같이 충고하고 있다.

> 마음을 여는 것은 상대의 실정과 속셈을 드러내게 하고, 상대로 하여금 마음을 열어 나의 관점을 받아들이게 하는 방안이다. 마음을 닫는

> 것은 내가 어떤 이익을 취하거나 화를 피할 수 있도록 만드는 방안이다. 마음을 열고 닫는 것은 천지의 도이기도 하다. 세상사가 종횡출입縱橫出入하는 식으로 변화무쌍하고, 반복이합反覆離合하는 식으로 뒤집히는 것은 어김없이 음양의 조화가 수시로 변역한 결과다. 열고 닫는 것은 도의 위대한 변화로 유세의 변화를 뜻하는 것이기도 하다. 길흉화복의 거대한 운명이 여기에 달려 있다.

여기서 '마음을 여는 것은 곧 상대로 하여금 마음을 열어 나의 관점을 받아들이게 하는 방안이다'라는 지적에 주목할 필요가 있다. 상대가 나에게 어떤 도움을 줄 수 있는가를 생각하기 전에 내가 상대에게 어떤 도움을 줄 수 있는가를 생각하라고 주문한 것과 같은 취지다. 공자가 《논어》〈옹야〉에서 자신이 서고자 하면 남을 세우고, 자신이 통달하고자 하면 남을 통달하게 하는 '욕립립인, 욕달달인'을 역설한 것과 같다. 사람의 마음을 얻는 게 관건이다. 제자백가학이 서로 통하고 있음을 보여주는 대표적인 사례다.

행복한 삶이란 무엇인가

2013년 3월을 기점으로 시진핑 체제가 본격적으로 가동하면서 중국에서는 대대적인 부패척결 운동이 전개되고 있다. 고위 공직자들의 부정부패가 도를 넘어섰다는 판단에 따른 것으로 보인다. 사실 중국은 이들의 부정부패를 척결하지 않고는 더 이상 앞으로 나아갈 수 없을 정도로 상황이 심각하다. 태자당 출신인 시진핑이 부패척결 운동에 과감히 나설 수 있었던 것은 어렸을 때 '반동의 자식'으로 낙인찍혀 무진 고생을 한 때문이다. 전 인민이 고루 잘사는 '공부共富'가 화두로 떠오른 것도 이런 맥락에서 이해할 수 있다.

크게 보아 흑묘백묘로 상징되는 덩샤오핑의 개방정책이 공자의 선부후교 가르침을 충실히 좇았다면, 시진핑의 반反부패 행보는 공자가 말한 '균부'에 방점을 찍은 결과로 해석할 수 있다. 부익부 빈익빈 양상의 이면에 토호와 관원, 정치인, 부패 기업주의 유착 고리가 작동하는 우리의 현실을 감안할 때 이를 적극 벤치마킹해 단호히 대처할 필요가 있다. 고금의 사례가 보여주듯이 정경政經·법경法經·관경官經의 유착 고리를 끊어내지 못할 경우 이내 패망의 길을 걸을 수밖에 없다. 《손자병법》도 이를 크게 경계한다. 〈군형〉의 해당 대목이다.

> 용병을 잘하는 군주와 장수는 정사를 바르게 펴고 법령을 확고히 세우는 데 애쓴다. 늘 승패의 결정권을 장악하는 이유다.

부정부패 혐의와 관련된 일부 대기업 오너의 법정 구속 사태가 보여주듯이 반기업 정서가 팽배한 저간의 상황을 감안할 때 기업 CEO들의 대오각성과 올바른 처세가 절실히 요구되는 시점이다. 중국에서는 오래전부터 처세의 비결을 담은 뛰어난 3대 걸작인 '처세 3대 기서'가 널리 읽히고 있다. 명대 홍자성이 쓴 《채근담》, 같은 명대 진계유陳繼儒가

쓴《소창유기小窗幽記》, 청대 왕영빈王永彬이 쓴《위로야화圍爐夜話》가 그것이다. 처세에 관한 서적을 '기서'로 분류한 것은 당시 처세의 기술이 매우 중시됐음을 반증한다.

가장 주목해야 하는 것은《채근담》이다. 처세 3대 기서 가운데 오랫동안 가장 널리 읽히고 있다. 저자인 홍자성은 젊었을 때 유가 경전을 두루 섭렵한 뒤 관계官界로 나아가 공명을 떨쳤다. 그러나 만년에 이르러 세속적인 입신양명에 큰 회의를 느끼고 산속으로 들어가 도인의 삶을 살면서《채근담》의 집필에 몰두했다.《채근담》이 유 · 불 · 도의 진수를 하나로 녹인 이른바 3교 합일의 역저로 평가받는 이유다.

실제로 이 책에 담긴 사상은 그 심도와 폭이 매우 깊고도 넓다. 홍자성의 삶이 그만큼 다사다난하고 우여곡절이 많았음을 보여준다. 형식은 어록의 묶음으로 되어 있으나 매 장마다 시적인 대구법을 활용한 까닭에 하나하나가 명언이고, 읽을 때 운치가 있다. 소재가 매우 광범위하고도 풍부한데다 내용 또한 인간의 심리 · 세태 · 인정 · 풍속 등을 두루 망라한다. 이 책이 '고전 중의 고전'이라는 칭송을 받는 이유다.

이 책의 가르침은 현대인에게도 매우 유용하다. 지혜로운 삶이 어떤 것인지를 자세히 일러주기 때문이다. 특히 금융위기를 계기로 주주자본주의에 입각한 서구식 MBA 교육에 대한 회의가 팽배한 오늘날 현대인에게 전하고자 하는 메시지는 시사하는 바가 매우 크다. 다음 두 가지 이유 때문이다.

첫째,《채근담》은 주주의 이익만을 추구하는 서구식 천민자본주의의 병폐를 근원적으로 치유할 수 있는 혜안을 보여준다. 둘째,《채근담》을 관통하는 '나눔의 정신'을 구현할 수만 있다면 이른바 히든 챔피언으로 불리는 중견기업을 매개로 대기업과 중소기업이 상생하는 새로운 기업 생태계를 능히 구축할 수 있다. 한국식 경제 성장 모델을 찾는 데 결정적인 도움을 얻을 수도 있을 것이다.

현재 주주의 이익만을 추구하는 서구식 천민자본주의에 따른 배금주의의 폐해는 상상 이상으로 심각하다. 보험금을 타기 위해 일가족을 몰살하는 식의 끔직한 반인륜 범죄가 속출하고 있는 게 그렇다. 충효를 불문율로 여겼던 과거에는 상상도 못할 일이 버젓이 벌어지고 있는 것이다. 최근 한 여론조사의 결과에 따르면, 30세 미만의 청년층 가운데 약 40퍼센트가 정직한 삶보다 부유한 삶을 선호하는 것으로 나타났다. 약 30퍼센트가 부자를 선호하는 30세 이상의 기성세대보다 약 10퍼센트나 높다. 이는 우리 사회의 배금주의 통폐가 생각보다 심각하다는 사실을 반증한다.

《채근담》은 유가에서 수신제가의 기본 덕목으로 삼는 절제와 근검을 강조한다. 욕심은 끝이 없다는 성찰의 결과다. 부자가 되고자 하는 것은 인간의 본성이다. 이익을 향해 무한 질주하는 호리지성 때문이다. 비록 그렇기는 하나 인생의 목표를 부유한 삶 자체에 두는 것은 천박하다. 이와 대비되는 것이 명예로운 삶을 추구하는 호명지심이다. 공명을 떨쳐 죽백竹帛에 이름을 남기고자 하는 심성 또한 호리지성 못지않게 강렬하다. 호명지심은 사회 및 국가공동체를 영위하는 인간에게서만 나타나는 현상이다. 호리지성이 천지자연의 모든 생물이 그렇듯이 인간 개개인의 본성에 해당하는 인성人性이라면, 호명지심은 권력과 명예를 중시하는 국가공동체 차원의 민성民性에 해당한다.

호리지성은 원초적인 본능에 해당하는 까닭에 부부와 부모 자식, 형제 등의 가장 가까운 인간관계에서도 예외 없이 나타난다. 한비자가 역설했듯이 난세의 시기에 이런 모습이 적나라하게 드러난다.《한비자》〈오두〉의 해당 대목이다.

> 흉년이 든 이듬해 봄에는 어린 동생에게도 먹을 것을 주지 못하지만, 풍년이 든 해의 가을에는 지나가는 나그네에게도 음식을 대접한다. 이는 골육을 멀리하고 나그네를 아끼기 때문이 아니라 식량의 많고 적음에 따른 것이다. 옛날 사람이 재물을 가볍게 여긴 것은 어질었기 때문이 아니라 재물이 많았기 때문이고, 요즘 사람이 재물을 놓고 서로 다투는 것은 인색하기 때문이 아니라 재물이 적기 때문이다. 옛날 사람이 천자의 자리를 쉽게 버린 것은 인격이 고상하기 때문이 아니라 세력과 실속이 박했기 때문이고, 요즘 사람이 권귀에 의탁해 미관말직을 놓고 서로 다투는 것은 인격이 낮기 때문이 아니라 이권에 따른 실속이 많기 때문이다.

군신 간의 의리는 말할 것도 없고 부모자식과 형제처럼 가장 가까운 인간관계조차 호리지성의 덫에서 한 치도 벗어나지 못하고 있다는 지적이다. 이와 대비되는 것이 호명지심으로, 사회 및 국가 등의 공동체 속에서만 발현되고, 최소한 먹는 문제가 해결된 뒤에 나타난다는 점에서 호리지성과 대비된다. 현재까지 논란이 되고 있는 인성론의 관점에서 볼 때 호리지성은 성악설을 바탕으로 한 인성론에 해당한다. 반면에 호명지심은 똑같은 성악설을 바탕으로 할지라도 국가공동체를 구성하는 인간만의 독특한 국민 전체의 인성론에 해당한다. 호리지성은 인간을 포함한 모든 동식물에 예외 없이 나타난다. 이를 깊숙이 파고들면 윤리도덕론 내지 종교로 빠져들게 된다. 공자가 인성의 문제를 깊숙이 논하지 않은 이유가 여기에 있다. 《논어》〈공야장〉에서 자공은 이같이 증언한다.

> 부자夫子의 문장文章은 가히 들을 수 있었다. 그러나 부자가 인성과 천도天道를 얘기하는 것은 들을 수 없었다.

여기서 '문장'은 국가의 예제인 예악禮樂과 전장典章을 뜻한다. 공자는 인성론이 치국평천하에 하등 도움이 되지 않는다는 사실을 통찰하고 있었다. 〈술이〉의 다음 대목이 이를 뒷받침한다.

> 공자는 생전에 괴력난신怪力亂神에 관해 말하지 않았다!

여기서 '괴'는 괴이한 것, '력'은 초인적인 것, '난'은 어지러운 것, '신'은 귀신을 뜻한다. 사후의 세계까지 언급한 성리학이 공자사상의 본래 취지로부터 크게 벗어나 있음을 보여주는 징표다. 이를 두고 점술을 좋아했던 주희는 "귀신은 조화의 자취다. 공자는 이치를 깊이 연구하지 않고는 쉽사리 밝힐 수 없었던 까닭에 사람들에게 귀신에 관해 쉽사리 말하지 않은 것이다"라는 식의 억지 해석을 내놓았다. 공자가 귀신을 '깊이 연구했다'는 식의 황당무계한 해석은 자신의 입맛에 맞게 학문을 왜곡하는 곡학曲學의 전형에 해당한다. 공자는 생전에 성리학자들이 핏대를 올리며 논쟁을 벌인 '4단7정四端七情'의 인성론이나 '천리인욕天理人欲'의 천도론 등을 언급한 바가 없다. 괴력난신을 극도로 꺼린 사실이 이를 뒷받침한다.

공자는 평생 인간의 이지적인 이성에 무한한 신뢰를 보내면서 인간 개인 및 공동체에 대한 기본 관계와 상호 질서를 탐구하는 데 전력을 기울였다. 괴력난신에 관한 연구로 시간과 정력을 낭비하는 것을 극히 경계했던 것이다. 공자사상의 위대한 면이 바로 여기에 있다. 이를 뒷받침하는 일화가 〈술이〉에 나온다. 이에 따르면 공자가 병이 위중해지자 자로가 기도할 것을 청했다. 공자가 물었다.

"그런 이치가 있는가?"

자로가 대답했다.

"있습니다. 뇌문誄文에 기록하기를 '너를 위해 천지신명에게 기도했다'고 했습니다."

공자가 말했다.

"그런 의미라면 나는 기도한 지 오래다!"

'뇌문'은 사자를 애도하며 그의 행적을 쓴 제문祭文을 말한다. 《태평어람》에 인용된 다른 글에는 자로가 공자를 위해 점을 치려고 하자 공자가 '나의 점은 이미 오래전에 끝났다'고 말한 것으로 되어 있다. 공자사상을 깊숙이 연구한 미국 시카고대학교의 크릴H.G. Creel 교수는 《공자-

인간과 신화》에서 '점복을 신봉하는 자들이 공자를 점복을 신봉한 사람으로 꾸며 넣으려다가 실패한 사례'로 분석했다. 공자가 점복을 좋아했다는 식으로 왜곡하기 위해 텍스트의 원문까지 왜곡한 셈이다. '그런 의미라면 나는 기도한 지 오래다!'라고 설파한 것은 그가 괴력난신을 얼마나 꺼렸는지를 웅변하고 있다. 절박한 심정에서 쾌유를 빌고자 하는 제자 자로의 기도 자체도 용인하지 않은 사실이 이를 뒷받침한다. 치국평천하에 대한 비현실적인 접근을 거부한 것이다. 이는 법가 · 병가 · 상가 등이 인간의 호리지성과 호명지심에 주목한 것과 같은 의미다. 법가의 효시에 해당하는 상앙은《상군서》〈산지〉에서 호리지성과 호명지심의 상호관계를 이같이 분석해놓았다.

> 민성은 배고프면 먹을 것을 구하고, 지치면 쉬기를 원하고, 괴로우면 즐거움을 찾고, 치욕을 당하면 영예를 바라기 마련이다. 이것이 백성의 기본 정서다. 백성들이 이익을 추구하면 예의의 법도를 잃게 되고, 명성을 추구하면 민성의 기본 규율을 잃게 된다. 어떻게 그리 말할 수 있는가? 지금 도적이나 다름없는 귀족들은 위로 군주의 금령을 범하고, 아래로는 신민臣民으로서의 예의를 잃었다. 명성이 땅에 떨어져 욕을 먹고 몸이 위태로워졌는데도 여전히 도적질을 그치지 않는 것은 끊임없이 이익을 추구하는 호리지성을 좇았기 때문이다. 옛날 선비들은 이와 달랐다. 그들은 옷을 입어도 몸을 따뜻이 하기를 구하지 않고, 밥을 먹어도 배부른 것을 구하지 않았다. 어려움을 겪으면서도 의지를 다지는 동시에 사지를 수고롭게 하고 오장을 손상시키면서도 마

음만은 더욱 여유 있고 활달하게 했을 뿐이다. 이는 민성의 기본 규율과 어긋난다. 그럼에도 그들이 그리 한 것은 명성을 추구하는 호명지심 때문이다. 그래서 말하기를 '명성과 이익이 모이는 곳에 백성들이 따른다'고 하는 것이다.

홍자성은 《채근담》을 집필하면서 명리를 추구하는 호리지성과 호명지심을 모두 경계하면서 욕심을 덜어낼 것을 강력 권하고 있다. 욕심을 덜어내지 못할 경우 호리지성과 호명지심의 노예가 될 것을 우려한 것이다. 그가 권한 바람직한 삶은 천지자연과 더불어 유유자적하며 사는 것이다. 세속의 기준에 얽매이지 않고 조용하고 편안하게 사는 자유인의 삶을 말한다.

조디 피콜트Jodi Picoult가 2006년에 펴낸 소설 《19분》에서 제시한 이른바 '행복의 수학 공식'도 이와 상통한다. 행복의 공식은 현실을 기대로 나눈 값이다. 현실은 분자이고 기대는 분모가 된다. 행복의 수학 공식을 좇을 경우 행복을 얻는 방법은 두 가지가 있는 셈이다.

첫째, 분모를 그대로 놓아둔 채 분자인 현실을 개선하는 방법이다. 대다수 사람들은 이 방법으로 행복을 얻고자 한다. 그러나 지금 같은 무한경쟁의 시대에는 이것을 이루기가 쉽지 않다. 자칫 좌절과 실의에 빠져 다른 일로 대성할 수 있는 기회를 스스로 잃을 수도 있다. 입신양명을 위한 고시 공부에 매달려 아까운 청춘을 허비하는 것과 닮았다.

둘째, 현실을 수용하며 분모를 작게 만드는 방법이다. 분수의 값을 크게 하려면 분자를 키우는 것보다 분모를 줄이는 게 훨씬 효과적이다.

100분의 4는 0.25밖에 안 되지만, 분모를 하나 줄이면서 덩달아 분자까지 하나 줄이면 99분의 3, 즉 0.33이 된다. 세계에서 가장 가난한 나라 가운데 하나인 히말라야산맥의 산악국가 부탄의 국민이 전 세계에서 가장 행복감을 느끼는 국민이 된 이유다. 부탄은 국민의 97퍼센트가 스스로 행복하다고 느낀다고 한다.

큰 틀에서 볼 때 행복의 수학 공식을 포함해《채근담》이 역설한 '일사逸士의 삶'은 천지자연과 더불어 사는《장자》의 소요유逍遙遊와 선가의 경전인《벽암록碧巖錄》이 제시한 공空 사상과 취지를 같이한다. 유가의 관점에서 보면《예기》에서 역설한 중용中庸의 처세가 이에 해당한다.

3분 미학

사마천이 〈화식열전〉에서 화식가貨殖家의 상징으로 내세운 백규는 먼저 내주어 나중에 더 크게 취하는《관자》의 '취여지도取予之道' 이치를 통달한 인물에 해당한다. 동시에 그는 절도와 근검을 역설한 점에서 일사逸士와 닮았다. 이는《채근담》을 관통하는 화두인 이른바 '3분 미학美學'을 보면 쉽게 알 수 있다.

3분 미학은 아름다운 명절名節의 3할을 남에게 넘겨주는 '여3분與三分', 세인의 손가락질을 받는 오욕의 3할을 자신이 뒤집어쓰는 '귀3분歸三分', 큰 공을 세웠을 때 공덕의 3할을 주변 사람에게 돌리는 '양3분讓三分', 사람을 사귈 때 의협심의 3할을 지니고 친교를 맺는 '대3분帶三分',

큰 이문을 남겼을 때 이익의 3할을 덜어 다른 사람에게 나눠주는 '감3분減三分'을 말한다. 쉽게 말해 가지고 있는 것 가운데 3할을 뭉텅 떼어 내 주변 사람에게 나눠주는 것이다. '통 큰 자선'에 해당한다. 이렇게 남에게 3할을 주더라도 자신에게는 7할이 남아 있지 않은가!

3분 미학은 기본 취지에서 《손자병법》의 키워드인 부전굴인의 병도 이념과 궤를 같이한다. 부전굴인의 병도 이념을 좇아야만 부득이할 때 용병하고, 용병할지라도 아군의 피해를 최소화하고, 접전이 이뤄질지라도 유혈 사태를 최대한 막을 수 있다.

《손자병법》〈군형〉에 나오는 우직지계迂直之計는 병법의 관점에서 3분 미학을 통해 세계시장을 제패하는 비결을 일러준다. 여기서 '우'는 간접적인 '전략적 포위'를 의미한다. '직'은 서양의 '결정적 타격'에 가깝다. 20세기 최고의 군사전략가인 영국의 리델 하트B. H. Liddell Hart는《전략론》에서 동서고금의 수많은 전쟁 사례를 구체적으로 거론하면서 우가 직보다 더 효과적이라는 사실을 입증한 바 있다.《손자병법》에 나오는 금언이 대거 인용된 것은 말할 것도 없다.

그가 인용한《손자병법》의 금언은 오늘날 기업경영과 인간관계에 그대로 적용될 만하다. 우직지계의 위대한 면모를 엿보게 해주는 대목이다. 실제로 직장생활이나 일상생활에서도 직장 상사나 선배, 고객이나 거래처, 부하직원 등과 어울릴 때 직공直攻을 피해야 하는 경우가 많다. 나중에 부메랑이 되어 돌아오기 때문이다. 상대가 사력을 다해 철수 중이거나 퇴로 없이 막다른 골목에 몰렸을 때 직공을 가해서는 안 된다고 역설한《손자병법》의 가르침과 같다.

기업을 경영할 때 특히 그렇다. 우직지계의 활용 여부가 성패를 좌우한다고 해도 과언이 아니다. 예컨대 거래처를 돕다보니 자신의 사업까지 덩달아 잘되는 경우가 이에 해당한다. 3분 미학이 진가를 발휘하는 대표적인 사례에 속한다. 많은 사람들이 이처럼 간단하면서도 엄중한 이치를 간과한다. 눈앞의 작은 이익에 혹한 결과다.

대다수 사람들은 호리지성으로 인해 눈앞의 작은 이익에 얽매인다. 우 대신 직을 택하는 이유다. 이는 상대가 내민 향내 나는 미끼에 곧바로 걸려드는 것이나 다름없다. 직의 용병은 매우 위험하다. 상대가 수를 훤히 읽는 까닭에 《손자병법》이 기병의 핵심으로 거론하는 출기불의出其不意의 용병으로 기습공격을 가할 소지가 크기 때문이다. 더구나 상대가 음흉하기 짝이 없는 자일 경우 쥐도 새도 모르게 암수暗手를 구사해 아군을 일거에 절명시킬 수도 있다.

직의 용병술은 쉽고 빠른 길이기는 하나 상대가 설치해놓은 함정이 도사린다는 사실을 숙지해야만 한다. 어느 경우든 아군의 진격 노선을 적도 훤히 읽고 있다고 보아야 한다. 이때 필요한 것이 바로 우의 용병술이다. 대표적인 예로 초한전 당시 한신이 구사한 암도진창暗渡陳倉 전술을 들 수 있다. 《삼십육계》는 암도진창을 제8계로 채택해놓았다.

이 계책은 몰래 진창을 건넌다는 뜻으로 정면에서 공격하는 척하며 우회한 뒤 적의 배후를 치는 계책을 말한다. 짐짓 아군의 의도를 모르는 척 내보이며 적으로 하여금 엉뚱한 곳을 지키게 만든 뒤 그 틈을 노려 은밀히 적의 배후로 다가가 습격한다.

《사기》〈회음후열전〉에 따르면 기원전 206년 4월, 한고조 유방이 팽성彭城을 떠나 임지로 향하자 항우가 병사 3만 명을 풀어 그 뒤를 따르게 했다. 유방은 관중關中을 떠나 한중으로 들어갈 때 장량의 권고를 좇아 험한 벼랑에 가설해놓은 나무 다리를 불태웠다. 이른바 명수잔도明修棧道다. 이는 크게 두 가지 의도를 담고 있었다. 첫째, 제후들이 은밀히 군사를 움직여 습격하는 것에 대비하고자 한 것이다. 둘째, 유방이 동쪽으로 돌아갈 뜻이 없음을 가장하려는 한 것이다. 두 번째 의도가 더 강했다.

이해 8월, 유방이 한신의 계책을 좇아 옛날 초나라로 가는 길을 통해 항우에 의해 옹왕雍王에 봉해진 옛 진나라 장수 장함章邯의 영지를 급습했다. 잔도 주변에 군사를 집중시켰던 장함이 황급히 군사를 돌려 진창에서 막아섰으나 이미 기습공격으로 치명상을 당한 까닭에 더 이상 버티지 못하고 이내 패주하고 말았다. 호치好畤에서 재차 싸웠지만 또다시 패해 계속 달아날 수밖에 없었다.

암도진창은 명수잔도와 불가분의 관계에 있다. 명수잔도는 드러내놓고 잔도를 고치는 척하는 이른바 '의도된 양도陽道'에 속한다. 이는 성동격서의 일환으로 구사되는 까닭에 오히려 '고도의 음도'에 속한다. 그 실체가 바로 암도진창이다. 성동격서의 전술에 비유하면 명수잔도는 '성동', 암도진창은 '격서'에 해당한다.

당시 한신은 장함의 눈을 속이기 위해 군사들을 시켜 불타버린 잔도를 수리하는 척했다. 관중을 지키던 옹왕 장함은 이를 보고 군사들을 잔도로 집결시켰다. 장함이 잔도에만 주의를 기울이는 사이 한신은 대군을 이끌고 우회하여 진창을 점령하고 이내 관중을 함락시켰다. 이로써 유방은 중원으로 진출하는 교두보를 마련할 수 있었다.

암도진창 성어도 여기서 나왔다. 정면으로 공격할 것처럼 행동을 취해 상대의 주의를 끈 뒤 방비가 허술해진 상대의 후방을 공격하는 계책을 말한다. 적에게 거짓 정보를 흘려 역으로 이용하거나 남녀 간의 부정한 행위를 비유할 때도 사용한다. 여러 면에서 성동격서와 닮았다. 적을 유인하여 은밀히 공격하는 게 그렇다. 전혀 차이가 없는 것은 아니다. 성동격서는 적으로 하여금 아군의 공격 지점을 헷갈리게 만드는 데 초점을 두는 반면, 암도진창은 공격 루트를 헷갈리게 만드는 데 방점을 찍고 있다.

한신이 유방에게 토사구팽을 당한 것도 따지고 보면 유방이 구사한 우직지계의 덫에 걸린 후과로 볼 수 있다. 유방이 항우와 치열한 접전을 벌일 당시 조나라와 제나라를 차례로 격파해 막강한 무력을 보유한 한신은 유방이 볼 때 항우 못지않게 위험한 존재였다. 비록 명목상으로는 자신의 휘하에 있었으나 한신이 독립을 선언하고 나설 경우 천하통일은 불가능했다. 당시 책사 괴철蒯徹은 한신에게 그같이 행보할 것을 간한 바 있다.

"지금 형세상 천하의 성인이 아니고는 화란禍亂을 종식시킬 길이 없습니다. 한나라와 초나라의 운명이 그대에게 달려 있습니다. 그대가 한나라를 위하면 한나라가 승리하고, 초나라를 위하면 초나라가 승리할 것입니다. 실로 그대를 위한 계책으로 천하를 셋으로 나눠 3국이 공존하는 정족지세鼎足之勢를 이루는 것보다 나은 게 없습니다. 그러면 누구도 감히 먼저 움직일 수 없게 됩니다. 무릇 그대의 뛰어난 무략으로 제나라 땅을 토대로 조나라와 연나라를 복종시킨 뒤 초나라와 한나라의 병력이 없는 곳으로 출병해 그들의 후방을 제압하십시오. 이어 백성들의 기대를 좇아 서쪽으로 초나라와 한나라를 향해 '백성을 위한 정전停戰'을 외치십시오. 그러면 천하는 바람 불듯이 신속히 호응할 것입니다. 그 누가 감히 이 말을 듣지 않겠습니까? 큰 것은 자르고 강한 것은 약하게 하여 제후들을 세우십시오. 제후들이 서면 천하는 복종할 것이고, 그 공덕은 바로 그대에게 돌아올 것입니다. 제가 듣건대 '하늘이 주는 것을 받지 않으면 오히려 해를 입고, 시기가 이르렀는데도 행하지 않으면 오히려 재앙을 입는다'고 했습니다. 원컨대 그대는 이를 깊이 생각토록 하십시오."

그러나 한신은 곤혹스러운 표정으로 이같이 물었다.

"한왕이 나를 심히 후하게 대해주었는데 내가 어찌 이익을 좇아 의를 등질 수 있겠소?"

괴철이 단호히 대답했다.

"춘추시대 말기 월나라 대부 문종은 망한 월나라를 부흥시켜 구천을 패자로 만드는 큰 공을 세웠으나 그 몸은 죽고 말았습니다. 사냥감이 다 없어지면 사냥개를 삶아 먹는 토사구팽이 빚어지는 법입니다. 제가 듣건대 '용기와 지략이 뛰어나 주군을 두렵게 만드는 자는 몸이 위태로워지고, 공로가 천하를 뒤덮는 자는 상을 받지 못한다'고 했습니다. 그대는 군주를 두렵게 만드는 막강한 위세를 지녔고, 그 어떤 포상으로도 기릴 수 없는 공을 세웠습니다. 초나라에 귀부하면 초나라 사람들이 믿지 않을 것이고, 한나라에 귀부하면 한나라 사람들이 크게 두려워하며 떨 것입니다. 그대는 이런 무략과 큰 공을 지닌 채 장차 어디로 귀부하려는 것입니까?"

한신이 완곡하게 말했다.

"선생은 더 이상 언급치 마시오. 내가 장차 유념하겠소."

며칠 후 괴철이 다시 말했다.

"사물의 대세를 장악하는 것은 곧 과감한 단안을 내리는 데 있고, 머뭇거리며 결정하지 못하는 것은 일을 그르치는 근원이 됩니다. 터럭같이 작은 이익을 자세히 살피면 천하의 대국을 잃기 마련입니다. 머리로는 명백히 알고 있는데도 결단하여 감히 실행하지 않는 것은 모든 일의 화근입니다. 무릇 공업功業은 이루기는 어렵고 실패하기는 쉽기 마련이고, 시기時機는 얻기는 어렵고 잃기는 쉬운 법입니다. 일은 반드시 해당 시기에 맞춰야 하니 지나간 시기는 두 번 다시 오지 않기 때문입니다."

〈회음후열전〉은 당시 한신이 머뭇거리며 차마 유방을 등지지 못했다고 기록해놓았다. 한신은 유방이 베푼 은혜에 얽매인 나머지 토사구팽을 자초한 것이나 다름없었다. 이는 역으로 유방이 한신에게 베푼 은혜가 상상을 초월했음을 의미한다. 유방은 애초부터 한신에게 두터운 은혜를 베풀어 자기 사람으로 묶어둔 뒤 부릴 대로 부려먹고 제1의 적인 항우를 거꾸러뜨린 뒤 토사구팽을 단행할 생각을 품고 있었다. 정치적으로 일종의 우직지계를 구사한 셈이다.

우직지계의 핵심에 해당하는 우의 용병술은 상대를 내 사람으로 만드는 계책도 포함한다. 토사구팽의 암수 자체가 내 사람에 대해 구사하는 독수毒手라는 점을 감안하면 특별할 것도 없다. 〈군쟁〉에서 말하는 우직지계의 요체가 바로 우의 용병술에 있고, 이는 《채근담》의 3분 미학과 밀접한 관련이 있음을 알 수 있다.

· 10 ·

유교와 자본은 어떻게 결합됐을까

· **의리지변**義利之辨 ·

군자란 무엇인가

흔히 사농공상士農工商으로 지칭되는 동양 전래의 신분 질서는 마르크스가 말한 계급과는 차원이 다르다. 이는 단지 역할상의 구분에 지나지 않는다. 중국의 사학자 첸무는 1969년에 펴낸《중국문화총담中國文化叢談》에서 이를 등급으로 표현했다. 본질적으로 국가공동체 내의 동일한 성원으로 단지 역할상의 구분에 한 사람은 군주, 나머지 사람은 신민臣民으로 구별될 뿐이라는 것이다. 그의 이런 주장이 동양 전래의 역사문화 전통과 부합하는 것임은 말할 것도 없다.

사서가 군주의 즉위를 두고 '곤직袞職에 취직就職했다'고 표현하는 게 그렇다. '곤직'은 가장 공평하게 일을 처리하는 자리라는 뜻이다. 곤袞이라는 글자 자체가 옷 의衣와 공평할 공公의 합성어다. 사사로움이 전혀 없고 지극히 공평한 지공무사至公無私의 인물이 입는 옷을 뜻한다. 용으로 비유되는 군주의 옷을 특별히 곤룡포袞龍袍로 부르는 이유가 여기에 있다. 군주의 자리를 곤직으로 부르는 것은 곧 제 역할을 못할 경우 다시 일반 서민의 자리로 내려와야 한다는 뜻을 내포하고 있다. 곤직이라는 직책에 부합하지 않기 때문이다.

역사적으로 볼 때 곤직으로 상징되는 등급 개념의 효시는 공자다. 그는《논어》전편을 통해 군주와 공경대부 등의 군신君臣은 공히 군자의 면모를 지녀야 한다고 역설했다. 군주의 자식을 뜻했던 '군자'가 새로운 의미를 지니게 된 배경이 여기에 있다. 군주와 공경대부를 사인士人 그룹의 일원으로 간주한 결과다. 사군자士君子 개념이 등장한 것도 바로 이 때문이다.

원래 사인은 치자 그룹의 최하위층에 속했다. 크게 상사上士·중사中士·하사下士로 구분된다. 대부의 최하층인 하대부下大夫와 사인의 최상층인 상사는 한 끗에 불과하나 그 거리는 하늘과 땅만큼의 차이가 났다. 공자가 천하를 주유하며 큰 명성을 떨쳤으나 그가 끝까지 올라간 신분상의 지위만큼은 대부의 최하층인 하대부에 불과했다. 공경公卿은 말할 것도 없고 중대부中大夫의 신분도 차지하지 못했다. 공자가 하사 집안 출신이었기 때문이다. 춘추시대 말까지 신분 질서의 위계가 이처럼 강고했다.

주목할 것은 사인의 위치다. 형식상 사인은 치자 그룹에 속한다. 벼슬을 한 대부를 그렇지 못한 사인과 한통속으로 묶은 사대부士大夫라는 칭호가 그 증거다. 군신공치君臣共治를 기치로 내건 맹자를 사상적 배경으로 삼은 성리학자들은 공경대부 등의 고관은 말할 것도 없고 최고통치권자인 황제조차도 사대부의 일원으로 간주했다.

그러나 말만 그렇지 사대부 대접을 받으려면 반드시 과거에 급제해 벼슬길에 올라야 했다. 벼슬을 하지 못한 사인을 생산계층인 농 · 공 · 상 등의 소인과 합쳐 사서인士庶人으로 부른 이유다. 사인은 이처럼 벼슬을 하면 사대부의 치자 그룹에 낄 수 있지만 그렇지 못할 경우 사서인의 피치자 그룹으로 밀려날 수밖에 없었다.

공자가 군주와 공경대부 등의 치자는 반드시 군자의 면모를 지녀야 한다고 역설한 배경도 이런 맥락에서 이해할 수 있다. 치자가 군자의 면모를 지니지 못하면 진정한 치자로 볼 수 없다는 의도가 담겨 있다. 공자 자신이 혁명적인 생각을 품고 있었던 것이다. 실제로 그는 혈통에 따른 신분 질서를 타파하고자 애를 썼다. 그가 천하유세에 나선 것도 이 때문이었다. 이미 기무라 에이이치(木村英一)가 《공자와 논어》를 통해 세밀히 분석했듯이 그의 천하유세는 사실 신분 세습의 봉건질서를 타파하려는 노력이 실패한 데 따른 망명에 지나지 않았다. 이를 확인할 수 있는 단서가 《논어》 〈이인〉에 나온다. 그는 "군자는 도덕에 관심이 큰 반면 소인小人은 토지에 관심이 많다!"라며 군자와 소인의 차이를 이같이 설명했다.

여기서 소인은 사대부와 대비되는 개념으로 곧 농 · 공 · 상의 생산계층을 말한다. 주목할 것은 공자가 이들 생산계층을 사대부보다 낮춰 소인으로 규정한 게 아니라는 점이다. 당시는 농부는 물론 공인과 상인 모두 땅을 매개로 생계를 유지할 수밖에 없었다. 농 · 공 · 상의 소인은 직접적인 생산에 가담하는 만큼 생산 활동의 근거인 토지에 관심을 갖는 게 당연했다. 〈이인〉에서 공자가 소인을 언급한 이유가 여기에 있다. 치자의 역할을 수행하는 사군자 모두 이런 사실을 직시하고 성실히 정사에 임하라고 주문한 것이다. 그렇지 못할 경우 이내 생산계층인 소인의 위치로 되돌아와야 한다는 주장을 내포하고 있다. 사군자의 우두머리인 군주도 예외가 될 수 없다. 공자가 〈이인〉에서 농 · 공 · 상을 소인으로 표현한 근본 배경이 여기에 있다.

먹는 것이 으뜸이요, 재화는 다음이다

공자를 효시로 한 유가는 시종 중농주의를 견지했다. 이는 농 · 공 · 상을 소인으로 규정한 사실과 밀접한 관련이 있다. 생산계층인 소인은 자신들의 생계와 직결된 땅 문제에 예민할 수밖에 없다. 공자가 땅을 강조한 것은 무릇 위정자라면 토지문제를 잘 처리해야 한다는 충고를 전하기 위해서다. 공자의 사상적 후계자를 자처한 맹자가 이른바 정전제井田制를 주창한 것도 이런 맥락에서 이해할 수 있다.

정전제는 토지 국유화를 전제로 한 일종의 균전제均田制에 해당한다. 신분 세습의 봉건제를 유지했던 춘추전국시대에 정전제가 성사될 리

만무했다. 정전제는 많은 토지를 보유한 왕공세력과 중앙조정의 고위 관원, 지방의 호족세력을 제압하지 못하는 한 현실적으로 불가능했다. 실제로 중국의 역대 왕조 중 이를 실시한 왕조는 하나도 없었다. 단 하나의 예외가 존재하기는 했다. 비록 15년간의 단명 왕조에 그치기는 했으나 전한 제국 말기에 등장한 왕망王莽의 신新나라가 그렇다. 신나라는 중국 역사상 '무혈 혁명'으로 나라를 세운 유일무이한 경우에 속한다.

신나라가 맹자의 정전제 취지를 살리기 위해 경지를 모두 국유지로 삼은 뒤 모든 백성에게 일률적으로 나눠주는 이른바 왕전제王田制를 실시한 것은 이상적이기는 하나 현실을 지나치게 무시한 처사였다. 노비의 해방 역시 당시 기준에서 볼 때 시기상조였다. 신나라의 수명이 단명으로 끝난 근본 이유다.

중국의 역대 왕조가 두 번 다시 왕전제를 실시하지 않은 것은 신나라의 실패를 타산지석으로 삼은 결과다. 이들 역대 왕조는 백성의 대다수를 이루고 있는 농민의 지지를 받는 게 왕조 존립의 관건이라는 사실을 통찰했다. 농업 생산을 고취하며 상공업을 억제한 중농억상重農抑商의 기조를 견지한 배경이다.

중상주의에 입각한 사마천이 여덟 편으로 구성된《사기》의 〈서書〉 가운데 중농주의에 입각한 전한 초기의 경제 상황을 자세히 설명한 〈평준서平準書〉를 편제한 것도 이런 맥락에서 이해할 수 있다. 현실을 무시할 수 없었던 것이다. 후한 초기 반고는《한서》를 쓰면서 〈평준서〉를 참조해 〈식화지食貨志〉를 편제했다. 이후 역대 왕조 모두 정사를 펴낼 때 반드시 〈식화지〉를 편제했다.

원래 '식화'라는 명칭은 《서경》의 홍범팔정洪範八政에 나오는 '일왈식一日食, 이왈화二日貨'에서 따온 것이다. 천하를 다스리는 여덟 가지 기본 원칙 중 먹는 것이 가장 중요하고 그다음으로 재화가 중요하다는 취지를 담고 있다. 말 그대로 먹을 것과 재화에 대한 기록이라는 뜻으로 〈식화지〉는 한 시대의 사회경제 역사를 집약해놓은 것이기도 하다.

《사기》의 〈평준서〉를 비롯해 역대 사서의 〈식화지〉는 해당 왕조의 경제정책을 정리해놓았다는 점에서 매우 귀중한 자료에 해당한다. 인구에 회자하는 '조령모개朝令暮改'는 원래 경제정책과 밀접한 관련이 있다. 《한서》 〈식화지〉에 따르면 흉노가 변경을 자주 침략하자 나라에서는 많은 병력을 동원해야 했다. 백성들은 경작과 수비를 동시에 해야만 했다. 그러나 변방에서 수확하는 곡식만으로는 자급자족이 어려웠다. 나라에서는 백성들이 헌납한 곡식을 변방까지 수송할 사람들을 모집하여 벼슬을 주는 비상대책을 강구했다. 후한의 순열荀悅이 쓴 《한기漢紀》에 따르면 한문제 때 어사대부를 지낸 조조晁錯가 이같이 건의했다.

"지금 농가에서는 부역이 과중해 춘하추동 쉴 날이 없습니다. 홍수와 한발의 재해 위에 갑자기 내려지는 세금이나 부역으로 고통을 당하고 있습니다. 더구나 이는 일정한 때도 정해져 있지 않아 아침에 영을 내렸다가 저녁에 고치고 있습니다."

조령모개의 전거가 된 이 계책은 '논귀속소論貴粟疏'로 불린다. 청조의 고증학자 왕념손王念孫은 《한기》의 기록을 좇아 조령모개 대신 '조령모득朝令暮得'으로 고쳐 써야 한다고 주장했으나 큰 지지를 얻지는 못했다. 지금까지 조령모개만이 널리 회자되는 이유다.

역대 왕조의 정사는 《신오대사新伍代史》를 제외하고 모두 〈식화지〉의 명칭을 사용한다. 《한서》 이래 《명사》에 이르기까지 역대 중국 정사에는 〈식화지〉가 빠진 적이 없다. 〈식화지〉가 빠진 경우는 《보송서補宋書》 〈식화지〉처럼 후대에 보완하기도 했다. 중농주의에 입각한 경제정책을 얼마나 중시했는지를 짐작할 수 있다. 《명사》 〈식화지〉는 백미로 꼽힌다. 조익은 〈이십이사차기〉에서 '근대의 여러 사서 중에 《명사》만큼 완벽한 것은 없다'고 칭송하기도 했다. 명나라의 경제사를 그만큼 체계적으로 정리해놓았다는 뜻이다.

《명사》 〈식화지〉의 주요 내용 중 특기할 만한 것은 토지 소유자가 스스로 토지를 신고하도록 한 경리법經理法이다. 이는 《금사》 및 《원사》의 〈식화지〉에는 나오지 않는다. 금나라의 통검추배通檢推排 및 남송의 경계법經界法과 유사하기는 하나 구체적인 내용은 다르다. 유목민족인 원나라도 쿠빌라이가 즉위하는 13세기 중엽부터는 농업을 중시하기 시작했다. 은전과 동전의 사용을 금지하며 지폐 사용을 강제한 원나라는 역사상 가장 이른 시기에 지폐를 국가의 통화 수단으로 삼은 경우에 속한다. 원나라의 경제권에 통합돼 있던 고려조도 별반 다를 바가 없었다.

조선조 초기에 편찬된 《고려사》 〈식화지〉도 중국의 역대 사서와 마찬가지로 전제田制 · 농상農桑 · 화폐貨幣 · 염법鹽法 · 과렴科斂 · 차대借貸 · 조운漕運 · 녹봉祿俸 · 진휼賑恤 등을 수록해놓았다. 〈식화지〉는 역대 왕조가 중농주의 경제정책을 얼마나 중시했는지를 잘 보여준다. 이는 이전 왕조의 중농주의 경제정책을 거울로 삼으려는 취지에서 비롯한 것이다. 수천 년 동안 동아시아에서 중농주의 정책이 일관되게 유지된 배경이다.

공자의 역할론

중국의 역사를 개관하면 진시황을 비롯해 한고조 유방과 명태조 주원장 등 역대 왕조의 창업주들은 병가의 궤도와 법가의 엄법, 종횡가의 모책謀策 등 다양한 유형의 패도를 구사했다. 그것이 통일의 밑거름이 된 것은 말할 것도 없다. 그러나 예외가 있다. 전한 말기 외척 세력인 왕망이 세운 신나라다. 왕망은 맹자가 역설한 왕도를 앞세워 새 왕조를 개창했는데, 중국 역사를 통틀어 유일무이하게 무혈 혁명으로 나라를 세웠다.

만일 신나라가 최소한 100년이라도 이어졌다면 동서고금의 모든 혁명을 압도하는 최고의 혁명 모델이 되었을 것이다. 실제로 당시 지식인은 물론 서민과 노비에 이르기까지 왕망의 무혈 혁명에 환호했다. 이를 반대한 세력은 대토지를 소유한 지방의 호족 세력밖에 없었다. 서구의 역사가들이 그토록 자랑스럽게 내세우는 영국의 명예혁명과 프랑스대혁명, 러시아 인민혁명 등도 왕망처럼 모든 백성의 지지를 받지는 못했다.

이처럼 신나라가 건국 초기에 일반 서민은 물론 지식인들로부터 전폭적인 지지를 얻을 수 있었던 것은 맹자가 역설한 정전제를 전면적으로 실시한 덕분이었다. 이는 토지국유제와 경자유전耕者有田의 원칙을 관철한 사상 최초의 토지정책에 해당한다. 신나라 패망 이후 정전제의 이상을 실현하려고 시도한 왕조는 전무했다. 역대 왕조 모두 토지제도에 약간 손을 대는 선에서 그쳤다. 창업 때마다 소수 호족 및 고관 등에게 과점된 토지를 몰수해 백성들에게 나눠주는 등 나름 개혁을 시도했으나 시간이 지나면서 이내 흐지부지돼 다시 과점되는 양상이 나타났다. 호족과 관원 등에게 땅을 빼앗긴 농민들이 유민流民이 되어 천하를 횡행하고, 곧 각지의 군웅들이 일거에 일어나 치열한 각축 끝에 새 왕조가 등장하는 패턴이 반복된 이유다.

신나라 패망 이후 지방 반란 정권이 정전제를 실시한 적이 있기는 하다. 아편전쟁의 와중에 등장한 홍수전의 태평천국太平天國이다. 태평천국은 14년밖에 존립하지 못했으나 토지제도 개혁만큼은 신나라보다 훨씬 과격하면서도 전면적이었다. 그러다가 태평천국이 패망한 뒤 근 100년 만에 마침내 정전제의 이상을 전면적으로 실시하는 정권이 등장했는데, 바로 마오쩌둥이 세운 중화인민공화국이다. 중국 역사를 통틀어 국토를 국유화하고 모든 땅을 인민들에게 고루 나눠준 뒤 이를 제도적으로 정착시킨 것은 이때가 처음이었다. 그러나 많은 사람들이 대약진운동과 문화대혁명의 실패에 초점을 맞추는 바람에 이런 사실은 간과됐다.

토지국유화는 오늘의 중국을 있게 한 근본 배경이 되었다. 실제로 경제개발 과정에서 토지에 관한 한 중국은 거의 아무런 비용이 들지 않는 것이나 다름없다. 중국이 토지 사유를 자유민주주의의 핵심으로 삼는 자본주의 사회에서는 상상할 수 없는 엄청난 속도로 경제 인프라를 갖추게 된 배경이다. 덩샤오핑이 마오쩌둥의 공과를 논하면서 '공7, 과3'으로 정리한 것도 이와 무관하지 않다. 서구의 내로라하는 전문가들이 중국의 지속적인 발전을 낙관하는 것도 마찬가지 이유다.

이런 사실에서 짐작할 수 있듯이 땅은 중국 역대 왕조들의 최대 관심사 가운데 하나였다. 공자가 이를 모를 리 없었다. 그가 〈이인〉에서 소인은 땅에 많은 관심을 기울인다고 언급한 게 그렇다. 이 말은 도덕을 추구하는 군자는 좋고, 땅에 관심이 많은 소인은 나쁘다는 게 아니다. 군자와 소인은 각각 맡은 바 역할에 따른 차이에 지나지 않는다.

군자와 소인을 대비시키면서 도덕과 땅을 비교 대상으로 거론한 것은 혈통에 따른 신분질서를 속히 타파해야 한다는 의중을 드러낸 것이다. 모든 생산의 근거를 땅에서 찾은 결과다. 먹고 입는 것이 모두 땅에 근거하는 것처럼 곤직을 맡은 군주와 공경대부 등의 모든 사군자는 반드시 일반 서민들의 마음으로 정사에 임하라는 당부다. 중국의 초대 사회과학원장을 지낸 궈모뤄(郭沫若)가 공자를 혁명가로 분류한 것도 바로 이 때문이다. 진정한 치자는 혈통이 아니라 학문과 덕행을 닦은 군자에 한한다는 공자의 속마음을 읽은 것이다.

군자와 소인에 대한 공자의 이런 해석은 이후 큰 논쟁을 낳았다. 이른바 의리지변이 그것이다. 이는 〈이인〉에 나오는 공자의 다음 언급에 대한 해석 차이에서 비롯됐다.

> 군자는 의義에 밝고 소인은 이利에 밝다.

맹자는 공자의 진의를 제대로 파악하지 못한 나머지 모든 이는 의만 못하다는 식의 주장을 펼쳤다. 만일 맹자의 주장을 관철할 경우 국가 이익인 국리國利와 공공 이익을 뜻하는 공리公利 등의 대리大利조차 사사로운 의리에 불과한 소의小義만 못하다는 식의 결론이 나오게 된다. 맹자와 성리학자들이 아무리 결과가 좋을지라도 과정 내지 방법이 정당치 못하면 결코 좋게 평할 수 없다는 식의 고식적인 해석을 내린 배경이 여기에 있다. 송양지인의 당사자인 송양공을 춘추5패의 일원으로 높인 것도 바로 이 때문이다.

상황에 따라서는 송양지인도 나름 일리가 있다. 태평성대의 치세가 그런 경우다. 그러나 중국의 역사를 통틀어 그런 시대는 매우 드물다. 문제가 되는 것은 치세가 아닌 내란이나 전란 등의 난세다. 난세에조차 과연 왕도를 고집하는 게 타당한 것일까? 이는 패망을 자초하는 길이다.

《손자병법》이 역설하듯이 일단 국가 존망이 걸린 전쟁 등의 난세 상황에는 수단과 방법을 가리지 말고 승리를 거둬야 한다. 그러기 위해서는 적을 속이는 궤사가 필수다. 순자가 덕정에 기초한 왕도를 앞세우면서도 힘을 배경으로 한 패도를 적극 수용한 이유다. 치세는 물론 난세에도 오직 왕도를 통해서만 천하를 통일할 수 있다고 주장한 맹자를 '공자사상을 결정적으로 왜곡한 속유俗儒'로 비판한 것도 바로 이 때문이다.

의와 이를 절대 개념으로 간주해 모든 이는 그 종류를 막론하고 사사로운 소의만도 못하다고 주장한 맹자의 이런 주장은 이후 큰 병폐를 낳았다. 남존여비男尊女卑와 관존민비官尊民卑 등의 관행이 그것이다. 성리학자들은 심지어 '아무리 못난 남자라 할지라도 그 어떤 뛰어난 여인보다 낫다'는 식의 주장을 펼쳤다. 공자가 언급한 의리지변을 정반대로 해석한 결과로 볼 수 있다.

공자사상의 정맥이 맹자가 아닌 순자로 이어졌다고 보는 이유가 여기에 있다. 실제로 순자는 공자가 말한 의리지변을 정확히 파악했다.

《순자》〈영욕〉의 다음 구절이 그 증거다.

> 무릇 의를 앞세우고 이를 뒤로하는 자는 영예롭고, 이를 앞세우고 의를 뒤로하는 자는 욕을 당한다.

이를 앞세울 경우 비록 영예롭지는 못하지만 결코 망한다고 표현하지 않은 점에 주목할 필요가 있다. 의리를 앞세우는 사군자를 높이 평가했지만 이익을 앞세우는 소인을 폄하한 게 아니라는 것이다. 의리를 이익보다 앞세운 순자의 이런 입장을 선의후리先義後利라고 한다. 공자의 입장과 하등 차이가 없다.

순자의 선의후리는 오직 의만 숭상하고 모든 이를 배척한 맹자의 숭의척리崇義斥利와 극명한 대조를 이룬다. 순자와 맹자의 견해 차이는 왕도와 패도에 관한 논변인 이른바 왕패지변에도 그대로 이어진다. 순자는 왕도가 바람직하지만 난세의 시기에는 패도에 의한 천하통일도 가능하다는 선왕후패先王後霸의 입장을 내보였다. 이에 반해 맹자는 아무리 난세일지라도 오직 덕치에 기초한 왕도를 통해서만 천하를 통일할 수 있다는 숭왕척패崇王斥霸를 내세웠다. 무력에 의한 천하통일을 결사반대한 것이다. 이것이 비현실적인 것임은 말할 것도 없다.

공자는 《논어》〈안연〉에서 '군주는 군주답고 신하는 신하답고(君君臣臣), 아비는 아비답고 자식은 자식다워야 한다(父父子子)'고 역설한 바 있다. 순자는 이를 이어받아 '선비는 선비답고 농군은 농군답고(士士農農), 공인은 공인답고 상인은 상인다워야 한다(工工商商)'고 주장했다. 맡은 바

소임을 다하는 것이 바로 국가적으로 볼 때 모두를 이롭게 한다는 뜻이다. 순자는 공자가《논어》〈이인〉에서 '군자는 도덕에 관심이 큰 반면 소인은 토지에 관심이 많다'고 말한 취지를 이어받아 소인을 그 소임에 따라 농군 · 공인 · 상인으로 구분한 셈이다. 이들 구절 모두 맡은 바 소임을 다해야 한다고 역설한 점에서는 아무런 차이가 없다. 역할에 따른 분업이 관건이다.

원래 순자는 맹자보다 더욱 격렬하게 신분 간의 이동을 주장했다. 사대부로서의 교양을 쌓지 못한 사인계층은 가차 없이 생산계층으로 내려보낼 것을 주문한 게 그렇다. 반대의 경우도 마찬가지다. 생산계층 가운데 사대부로서의 교양을 쌓은 사람은 과감히 발탁해 사인계층의 일원으로 받아들일 것을 주장했다.

마르크스의 공자 방문기

그동안 서구 학자들은 중국의 G2 도약의 배경을 두고 나름 치밀하게 연구했다. 사회주의 시장경제와 '유교자본주의' 모두 이런 노력의 소산이다. 동양 전래의 유교문화에서 자본주의 정신을 찾아낸 게 특징이다. 유교자본주의는 공자가《논어》〈자로〉에서 먼저 백성들을 부유하게 만든 뒤 가르쳐야 한다고 주장한 선부후교 사상과 맥을 같이한다. 사회주의 시장경제를 유교자본주의로 해석한 것은 나름 일리가 있다.

그러나 미조구치 유조(溝口雄三) 전 도쿄대 교수는 1989년에 펴낸《방법으로서의 중국》에서 공자사상이 자본주의가 아니라 사회주의에 더 가깝다고 주장했다. 유교자본주의와 대립되는 이른바 '유교사회주의' 용어가 등장한 배경이다. 학계 일각에서는 이에 동조해 사회주의 시장 경제를 설명할 때 유교자본주의 대신 유교사회주의 용어를 사용하고 있다. 특히 중국의 학계가 그렇다.

동일한 현상을 놓고 유교자본주의와 유교사회주의 등 용어가 혼용되는 현실은 자본주의와 사회주의에 관한 서구 전래의 구분 방법이 그 효용성을 잃고 있음을 반증한다. 주목할 것은 유교자본주의든 유교사회주의든 '유교'라는 접두어를 공히 사용하고 있다는 점이다. 양자 모두 《논어》〈자로〉에서 역설하는 선부후교를 달리 표현한 셈이다. 공자사상이 서양에서 발달한 자본주의와 사회주의 이념을 모두 포괄하고 있음을 암시한다. 이를 일찍이 통찰한 인물이 중국의 초대 사회과학원장을 지낸 궈모뤄다.

궈모뤄는 1925년에 발표한 〈마르크스의 공자 방문기〉를 통해 공자의 선부후교 사상을 절묘하게 그려낸 바 있다. 이에 따르면 하루는 마르크스가 찾아오자 공자가 크게 기뻐하며 《논어》〈학이〉를 인용해 외치듯 말했다.

"아, 친구가 먼 곳에서 오셨으니 또한 기쁘지 아니한가! 마르크스 선생이 누추한 곳까지 오셨으니 어떤 가르침을 주시려는 것입니까?"

"요즘 몇몇 사람들은 저의 이데올로기가 선생님의 사상과 같지 않은 까닭에 중국에서는 저의 이데올로기가 실현될 가능성이 없다고 말하고 있습니다. 그래서 직접 선생님께 여쭙고자 온 것입니다."

“제가 보기에 선생의 이데올로기가 비록 중국에 전해졌다고는 하나 아직도 무슨 내용인지 잘 모르고 있는 것 같습니다. 선생의 책이 아직 한 권도 번역되지 않았기 때문이죠.”

“그게 사실입니까? 그렇다면 저의 이데올로기가 어찌하여 큰 바람이 일고 뭉게구름이 피어나듯 그렇게 빨리 논의되고 전파되고 있는 것입니까?”

“선생의 이데올로기는 그저 동서양의 잡지 몇 권만 읽으면 된다고 저는 들었습니다. 요즘 외국의 유명 인사를 초청해 강연회를 여는 게 유행이니 선생이 먼저 말씀해주시죠.”

“좋습니다. 많은 사람들이 저를 유물론자라고 합니다. 저의 이상세계에서는 모든 사람이 생활 보장을 받음으로써 굶거나 추위에 떨 근심이 없습니다. 이것이 바로 각자 능력껏 일하고 필요에 따라 얻는 공산사회입니다. 이런 사회가 실현되면 곧 지상에 천국을 세운 것이나 다름없지 않겠습니까?”

공자가 손뼉을 치며 외쳤다.

“서로 한 번도 의논한 적 없는데 당신의 공산사회와 내가 《예기》〈예운〉에서 언급한 대동大同은 완전히 일치합니다.”

그러나 마르크스가 볼 때 공자는 ‘공상적 사회주의자’에 불과했다.

“그렇지만 저의 이상은 허구에서 나온 것이 아닙니다. 우리가 역사로부터 증명해낸 건 첫째 산업이 점차 증진되어가고, 둘째 자본이 소수인의 손에 집중돼 빈곤이 일반화하면서 계급투쟁은 영원히 끊이지 않는다는 점입니다.”

공자가 머리를 연신 끄덕였다.

"아, 그건 그래요. 나도 '적은 게 걱정이 아니라 고르지 못한 게 걱정이고, 가난이 걱정이 아니라 사회불안이 걱정이다(《논어》〈계씨〉)'라고 말했습니다."

마르크스가 목소리를 높였다.

"틀렸습니다! 저는 고르지 못한 것뿐만 아니라 적은 것도 염려합니다. 가난한 것도 걱정하고 사회불안 또한 염려합니다. 그래서 저는 사유재산의 폐지를 요구하면서도 사회의 산업 발전을 주창한 것입니다. 그 원동력은 바로 프롤레타리아입니다. 저의 이상세계는 일정한 발전 단계가 있고, 동시에 확고부동하며 실증적입니다."

공자가 여전히 고개를 끄덕였다.

"아, 예! 나도 '백성들이 많으면 그들을 부유하게 해주고, 부유해지면 가르쳐라(《논어》〈자로〉)'라고 말했습니다. 재화를 존중하는 건 우리 중국의 전통사상입니다. '정치에서 식화食貨의 확보가 으뜸이다(《서경》〈홍범〉)' '창고에 재화가 풍족해야 예절을 알고, 의식이 풍족해야 명예와 치욕을 가릴 줄 안다(《관자》〈목민〉)'고 했습니다. 저의 사상이나 중국의 전통사상은 근본적으로 선생과 똑같습니다! 산업을 발전시켜야만 재화를 고르게 나눌 수 있다고 판단했기 때문이죠. 내가 살았던 때는 생산 방법이 유치해 절용節用을 주장할 수밖에 없었습니다. 그러나 오늘날에도 이는 중요합니다. 아직도 많은 사람이 밥도 배불리 먹을 수 없는 이때에 몇몇 사람만 상어 지느러미 요리를 먹게 할 수는 없는 일이지요!"

마르크스가 감탄했다.

“아! 2천여 년 전 멀고 먼 동방에 선생님과 같은 동지가 있었을 줄은 정말 몰랐습니다. 저와 선생님의 견해는 완전히 일치합니다. 그런데 어째서 저의 이데올로기가 중국에서는 실현될 수 없다고 말하는 사람이 있는 것입니까?”

공자가 돌연 한숨을 내쉬었다.

“나도 이곳에서 내 사상을 실현시키지 못하고 있습니다! 이를 이해하는 사람이 있다면 마르크스 당신을 신봉하는 사람도 나를 반대하지 않을 것이고, 나를 믿는 사람 또한 선생을 반대하지는 않을 것입니다.”

이상이 〈마르크스의 공자 방문기〉의 대략의 내용이다. 궈모뤄가 여기서 풍자적으로 그려낸 마르크스와 공자의 만남은 경세제민經世濟民이 곧 치국평천하의 요체임을 드러내기 위한 것이다. 〈자로〉에서 말하는 선부후교 사상이 바로 그것이다. 많은 사람들이 공자사상을 논하면서 선부후교 사상을 간과한다.

《시경》과 《서경》 등을 통해 알 수 있듯이 개인과 개인의 상호관계를 포함해 개인의 사회 및 국가 등의 공동체와 관련된 인간관계에서는 은주殷周 시대나 21세기나 별 차이가 없다. 《사기》 〈화식열전〉의 내용을 대목별로 나눠 21세기 경제경영 이론과 조목조목 비교해보면 이를 쉽게 확인할 수 있다. 백성들을 배불리 먹게 만드는 데 방점을 찍고 있는 선부후교 사상이 저변에 깔려 있다.

팍스 아메리카나에서 팍스 시니카로

애덤 스미스는《국부론》에서 국토가 광활하고 인구가 많은 중국을 특별히 거론하며 내수 위주의 경제체제를 높이 평가한 바 있다. 이런 통찰은 오늘날에도 그대로 적용된다. 중국은 자체적으로 거대한 규모의 생산 및 유통, 소비시장을 갖고 있다. 전 세계를 통틀어 외수와 내수를 동시에 추구할 수 있는 거의 유일한 나라다. 미국, 인도, 브라질, 러시아 등도 넓은 땅과 풍부한 자원 및 많은 인구를 보유하고 있으나 여러 면에서 중국에 미치지 못한다. 영국의 정치경제학자 마틴 자크Martin Jacques는 2009년에 펴낸《중국이 세계를 지배하면》에서 팍스 아메리카나를 대신하는 팍스 시니카의 도래를 확신에 찬 어조로 이같이 역설했다.

> 어떠한 상황이 발생하더라도 중국은 경제성장을 지속하면서 미국과 함께 양대 강국으로 부상하거나, 궁극적으로 유일한 세계 강대국으로 부상할 것이라는 전망을 뒤집을 수 없다. 이제는 모든 길이 중국으로 통한다. 세계의 수도가 이제 뉴욕에서 베이징으로 바뀌고, 세계의 기축통화 역시 자연스럽게 달러에서 위안화로 바뀔 것이다. '팍스 시니카'의 범위와 영향력은 유럽과 미국이 차례로 지배해온 지난 2세기 동안의 변화를 훨씬 능가하는 그야말로 지구의 자전축이 바뀔 정도의 거대한 지각변동으로 나타날 것이다.

그간 중국의 부상을 지켜보는 서구 학자들의 반응은 대개 경제적 측면에 집중돼왔다. 중국의 힘은 경제 영역에 국한될 것이고, 궁극적으로 서구식 모델을 따르지 않으면 이내 실패할 수밖에 없다는 식의 전망이 그것이다. 그러나 마틴 자크는 이를 정면으로 반박했다. 그런 관점에 설 경우 자본주의 · 사회주의 · 시장주의 등의 용어는 그리 중요한 게 아니다. 굳이 이를 이론화할 필요도 없다. 애덤 스미스가《국부론》에서 설파했듯이 국가는 엄정한 심판자인 '보이는 손'으로서 시장 질서를 교란하는 자들을 솎아내는 일만 하고 나머지는 시장 참여자들이 이기적인 행동인 '보이지 않는 손'에 맡겨두면 된다. 중국의 눈부신 경제 발전도 이런 차원에서 접근해야만 제대로 된 해석이 가능하다.

이는 사마천이 〈화식열전〉에서는 상인의 자유로운 상행위를 적극 옹호하면서도 〈평준서〉에서는 폭리를 취하는 일부 악덕 상인을 질타한 것과 맥을 같이한다. 원래 〈화식열전〉은 경제정책 및 경제사를 정리해놓은 〈평준서〉나 후대의 〈식화지〉와 달리 춘추시대 말기부터 전한 초기에 이르는 시기에 거부가 된 자들의 이야기를 수록했다는 점에서 매우 독보적이다. 최근 많은 사람들이 〈화식열전〉을 동서양을 통틀어 사상 최초의 경제경영 이론서로 간주하는 이유다.

중국의 역사를 통틀어 〈화식열전〉과 같은 경제경영 이론서는 두 번 다시 나타나지 않았다. 이 책의 독창성과 위대함이 여기에 있다. 〈화식열전〉에는 다양한 사업으로 거만의 재산을 모은 총 52명의 행보가 소개되어 있다. 이들 모두 주어진 시기에 다양한 방법으로 부를 쌓았다. 태공망 여상 · 관중 · 범리 · 백규 등이 대표적이다. 이들은 경제이론가인 동시에 뛰어난 사업가였다.

주목할 점은 〈화식열전〉이 21세기에 그대로 적용해도 좋은 매우 진보적인 경제사상을 담고 있다는 사실이다. 유가가 입만 열면 떠벌리는 인의에 냉소를 보내면서 사람들이 부자가 되고 싶어 하는 것을 인의에 앞서는 인간의 본성으로 파악한 점 등이 그렇다. 관중을 사상적 비조로 하여 사마천에 의해 집대성된 상가의 이론은 바로 '부' 자체를 긍정적으로 평가한 데서 출발하고 있다고 해도 과언이 아니다. 애덤 스미스가 《국부론》에서 개개인의 이익 추구 행위를 자본주의의 출발로 간주한 것과 같은 맥락이다.

사마천은 제환공이 사상 첫 패업을 이룬 것은 경제력 때문이고, 진시황이 천하를 통일한 것도 경제가 밑거름이 됐기에 가능했다고 보았다. 이는 중농 대신 중상에 방점을 찍은 관중의 상가 이론을 그대로 수용한 결과다. 〈화식열전〉에서 말하는 '화貨'는 조개가 상품과 화폐로 변용돼 사용되는 점에 착안해 조개 패貝와 변화할 화化를 조합해 만든 글자다. 조개를 화폐로 사용할 당시의 원시경제 상황을 반영한다. '식殖'은 증식을 뜻한다. '화식'은 곧 자원의 생산 및 교환을 통해 재화의 이익을 추구하는 상공업 활동을 의미한다. 사마천은 〈태사공자서〉에서 〈화식열전〉을 편제하게 된 배경을 이같이 기술해놓았다.

> 포의布衣의 필부가 정사에 해를 끼치지도 않고, 백성을 방해하지도 않고, 때에 따라 매매하면서 그 이식으로 재부를 쌓았다. 지자知者도 이를 택한 바 있다. 〈화식열전〉을 열전의 하나로 편제하게 된 이유다.

거만의 재산을 모은 부상대고富商大賈에 대한 사마천의 기본적인 입장이 잘 드러나 있다. 이들 중에는 목장 주인 · 하층 장사꾼 · 부녀자 등도 있다. 사마천은 이처럼 다양한 부류의 사람이 부상대고가 된 비결을 정성을 기울여 주어진 사업에 일로매진한다는 의미의 이른바 '성일誠壹'에서 찾았다. 중국이 지난 10년 동안 경제 규모를 세 배로 키운 것도 상가의 이런 성일 정신을 되찾은 결과로 볼 수 있다.

머리는 손자처럼 가슴은 공자처럼

지은이 | 신동준

초판 1쇄 인쇄일 2013년 12월 2일
초판 1쇄 발행일 2013년 12월 9일

발행인 | 박재호
편집 | 이둘숙
종이 | 세종페이퍼
인쇄 | 우진제책
출력 | ㈜상지피앤아이

발행처 | 생각정원 Thinking Garden
출판신고 | 제 25100-2011-320호(2011년 12월 16일)
주소 | 서울시 마포구 동교동 165-8 LG팰리스 1207호
전화 | 02-334-7932 팩스 | 02-334-7933
전자우편 | 3347932@gmail.com

ISBN 979-11-85035-05-5 03320

* 이 도서의 국립중앙도서관 출판시도서목록(CIP)은 서지정보유통지원시스템 홈페이지(http://seoji.nl.go.kr)와 국가자료공동목록시스템(http://www.nl.go.kr/kolisnet)에서 이용하실 수 있습니다.
(CIP 제어번호 : CIP2013025459)
* 책값은 뒤표지에 있습니다. 잘못된 책은 구입하신 곳에서 바꿔드립니다.

만든 사람들
기획 | 박재호
편집 | 이둘숙
교정 | 한미경
디자인 | 이석운, 최윤선